JN306174

浄土真宗はなぜ日本でいちばん多いのか

仏教宗派の謎

GS 幻冬舎新書 249

はじめに

私たちが仏教の宗派というものを気にするのは、たいがい葬儀を営むときである。

地方に住んでいて、日頃、自分の家の墓がある菩提寺《ぼだいじ》やその住職とかかわりをもっているのなら、自分の家の宗旨《しゅうし》のことはよく知っている。菩提寺がどの宗派に属し、その宗派の本山や宗祖が誰かも認識しているはずだ。

ところが、地方から都会に出てきた人間で、菩提寺と日頃親密な関係を結んでいなければ、宗派のことなどまったくと言っていいほど気にしない。そもそも家の宗旨を気にかける必要がない。

それが、仏教式の葬儀をあげる段になると、家の宗旨のことが途端に気になってくる。その宗派の僧侶を導師《どうし》として呼ばなければならないと考えるからだ。

そこで慌てて故郷の実家や親戚に電話をかけ、家の宗旨を聞き出すことになる。

「なるほど。自分の家の宗派は○○宗だったのか」と、そこではじめて家の宗旨を知ることになる。そして、葬儀業者に頼んで、家の宗派と同じ僧侶に来てもらい、葬儀の導師をつとめてもらう。

それでも、寺の墓地に墓を設け、その寺の檀家にならなければ、特定の寺との付き合いをもつことはなく、それ以降は、宗派のことはもう頭に浮かんでこなくなる。

近年では、三回忌や七回忌といった年忌法要を行うことが少なくなってきた。檀家になっていれば、菩提寺の方から、年忌法要が近づいているという知らせが届いたりするが、菩提寺がなければ、そうしたこともない。日頃の忙しさにかまけて、法事などしなくなる。こうしてまた、宗派のことなどまったく気にかけなくなっていく。

しかし最近では、仏教そのものへの関心は高まっている。昔は、仏教に関心をもつのはお年寄りに限られていたが、今では、若い人たちも仏教に関心をもつようになってきた。パワー・スポットのブームの影響は大きい。パワー・スポットとして脚光を浴びている場所のなかには、霊場となっている寺院など仏教関係の施設も少なくないからだ。

そもそも観光に出掛けるときには、その目的地として仏教関係の施設が選ばれる。世界遺産のブームもそれに拍車をかけている。奈良や京都には世界遺産に指定された地域が多い。平成23（2011）年に指定された平泉《ひらいずみ》も、金堂《こんどう》のある中尊寺はもちろん、かつては浄土式庭園のあった毛越寺《もうつうじ》も仏教寺院にほかならない。

そうした場所を訪れるなら、その背景にある仏教について知っておいた方がいい。その際に、宗派ということが重要になってくる。日本の仏教は、さまざまな宗派に分かれており、宗派によって教えや考え方、実践の方法が違う。同じ仏教の宗派だからと言って、十把一《じっぱひと》からげにはできないのだ。

仏教に限らず、宗教に宗派はつきものである。それぞれの宗教は、特定の教祖や開祖のいる宗教であれば、一人の宗教家の思想に発しているはずだが、後世においては解釈が分かれ、それで宗派に分かれていく。

キリスト教なら、大きくカトリック、東方正教会、プロテスタントの3つに分かれている。イスラム教でも、スンニ派とシーア派に二分されている。インドのヒンドゥー教にも、シヴァ派やヴィシュヌ派といった宗派がある。

カトリックは、世界全体で一つの組織に統合されているが、プロテスタントやシーア派では、さらに細かく分派している。宗派同士のあいだで争いが起こることもあり、それがたんなる論争にとどまらず、武力を伴った対立にまで発展することがある。そうなれば、宗教戦争という事態が生まれる。

日本でも、最近では見られないが、宗派のあいだで武力衝突が起こったこともある。戦国時代に起こった「天文法華の乱《てんぶんほっけ》」などは、中世において強大な権力を誇った天台宗《てんだいしゅう》の比《ひ》叡山延暦寺《えいざんえんりゃくじ》と、当時の新興勢力である日蓮宗《にちれんしゅう》（当時は法華宗）と浄土真宗《じょうどしんしゅう》（当時は一向《いっこう》宗《しゅう》）の三つ巴の争いだった。

宗派に分かれるからこそ対立が起こり、それが激化していく。お互いに関係の薄い宗教同士では対立は起こりにくい。ところが、ルーツは同じだが、さまざまな事情で途中で分かれたという宗派同士は激しく対立する。いわゆる「近親憎悪」である。日蓮宗や浄土真宗も、もとはと言えば比叡山の天台宗から発している。

また、ある特定の宗派に所属していた寺院が、途中で所属する宗派を変えるといったことも、歴史上かなり頻繁に起こっている。衰えた寺を再興した僧侶の宗派が異なっていたということも珍しくない。そもそも、昔は現在ほど宗派が厳格に定まってはいなかった。

現代においてさえ、新しい仏教宗派が誕生することもある。それは、新宗教のような新宗派ということではない。奈良斑鳩《いかるが》の法隆寺を総本山とする聖徳宗《しょうとくしゅう》が法相宗《ほっそうしゅう》から独立したのは昭和25（1950）年と戦後のことである。このように宗派はかなり流動的である。

それぞれの宗派は、総本山や大本山を中心に一つの教団を形成している。すでに述べたように、分派している場合もあり、分派でも、それぞれの本山を中心に独自の教団組織を作り上げている。

現在日本に存在する主な宗派としては、南都六宗《なんとろくしゅう》をはじめ、天台宗、真言宗《しんごんしゅう》、浄土宗《じょうどしゅう》、浄土真宗、曹洞宗《そうとうしゅう》、臨済宗《りんざいしゅう》、日蓮宗がある。それよりも規模の小さなものとして、融通念仏宗《ゆうずうねんぶつしゅう》、時宗《じしゅう》、黄檗宗《おうばくしゅう》などもある。

これが、宗派の「宗」にあたるもので、その下にはいくつもの「派」が存在している。浄土真宗では、浄土真宗本願寺派《ほんがんじ》、いわゆる西本願寺と真宗大谷派《しんしゅうおおたに》、東本願寺が、その勢力を二分し、ともに大教団となっている。

浄土真宗が東西に二分されたのは江戸時代初期のことで、そこにはそれ以前の時代において「一向一揆」を起こすなど強い勢力を誇っていたので、その力をそぐという権力者の側の意向が働いていた。その点では、対立して分裂したというわけではない。他に浄土真宗には、真宗高田派や真宗佛光寺派《ぶっこうじは》もある。

天台宗の場合には、中世において、比叡山延暦寺を中心とした山門と園城寺《おんじょうじ》（三井寺《みいでら》とも言う）を中心とした寺門とが長年にわたって対立し、両派で武力衝突を起こすようなこともあった。

日蓮宗の内部には、教義の解釈をめぐって、「一致派」と「勝劣派《しょうれつは》」の対立が生まれた。とくに勝劣派の「富士門流《ふじもん》」の系譜に属する日蓮正宗《しょうしゅう》は、独特の教義の体系を作り上げ、日蓮宗本体と対立した。その日蓮正宗と長く密接な関係をもっていたのが、日本で最大の新宗教教団、創価学会《そうかがっかい》である。

詳しくは本文のなかで述べるが、日本における仏教宗派の歴史はかなり複雑で、対立と融合をくり返しながら今日に至っている。日本の仏教の歴史を理解する上では、こうした宗派のことについて認識しておく必要がある。

それは、歴史的な面にとどまらず、現在における仏教のあり方を考える上でも、必須の知識である。

ところが、宗派によって教えや実践がどのように異なるのか、一般に広く知られているとは言い難い。たとえ僧侶であっても、あるいは個々の宗派について研究する研究者であっても、自分の所属する、あるいは研究対象とする宗派やその宗祖については詳しく知っていても、違う宗派のことについては十分な知識も認識ももっていないというのが一般的である。知らないのは、一般の人間だけではないのである。

本書においては、日本の主な宗派を取り上げ、その特徴、宗祖の思想、教団としての歩み、さらには他宗派との関係や、社会に対する影響などについて解説を加えることとした。

もちろん、これまでも仏教の各宗派について解説した本は出版されている。しかし、そうした本は、それぞれの宗派の代表が自らの宗派について解説したものを集めたという次元にとどまっていた。統一的な観点から、諸宗派について解説を加えたものはない。そこに、本書を出版する意義がある。

私は、長年宗教について研究してきたため、仏教の各宗派から講演を頼まれることが多い。その際に、各宗派の僧侶の方々と交流をもったり、話をしたりするが、同じ僧侶であっても、宗派によって雰囲気、カラーが違うという印象を受けてきた。その違いは、宗派の特徴や歴史と密接に関係しているように思われる。そうした経験が本書に生かされているとすれば、それは著者として幸いである。

仏教宗派の歴史的系統

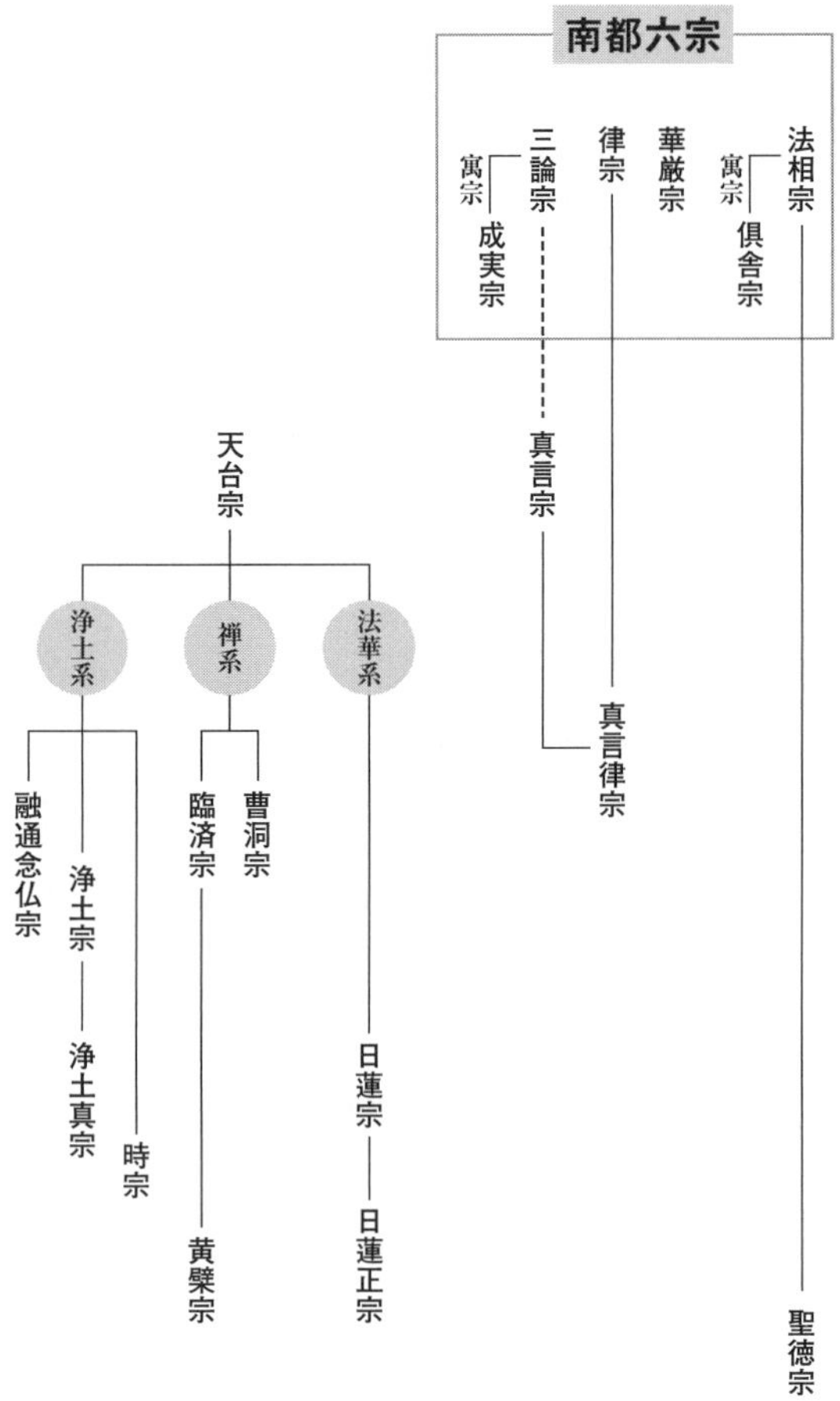
南都六宗
法相宗
寓宗
倶舎宗
華厳宗
律宗
三論宗
寓宗
成実宗
真言宗
真言律宗
聖徳宗
天台宗
法華系
禅系
浄土系
日蓮宗
日蓮正宗
曹洞宗
臨済宗
黄檗宗
浄土宗
浄土真宗
時宗
融通念仏宗

浄土真宗はなぜ日本でいちばん多いのか／目次

第2章 仏教の総合大学、比叡山の天台宗 55

第6章　さまざまな禅文化が花開いた臨済宗(＋黄檗宗)　143

第7章　葬式仏教の生みの親でもある道元の曹洞宗　163

序章

仏教において宗派とは何か

僧侶が官僚だった時代、宗派は「学派」に近かった

この本では、日本に存在する仏教宗派を個別に取り上げ、それぞれについて解説を加えていくことになるが、その前に前提となる知識を共有してもらう必要がある。

まず最初に、日本仏教の歴史のなかで、宗派というものがどのようにして形成されてきたかを見ていきたい。

仏教が日本に伝えられた時期については、従来は552年とされていたが、最近では、538年という説の方が有力になっている。それは、古墳時代末期の欽明《きんめい》天皇7年にあたる。

その後、崇峻《すしゅん》天皇5（592）年、飛鳥《あすか》に都が定められたことで飛鳥《あすか》時代がはじまり、その時代の仏教は「飛鳥仏教」と呼ばれる。この時代に聖徳太子《しょうとくたいし》があらわれ、法隆寺《ほうりゅうじ》などが創建されていく。ただし、飛鳥時代には、まだ宗派に相当するような集団は登場しなかった。

奈良時代に入ると、「南都六宗《なんとろくしゅう》」と呼ばれたように、宗派の形成ということが起こるが、この段階ではまだ教団組織とは言えず、むしろ異なる教えを学ぶ「学派」としての性格の

方が強かった。南都六宗のなかの代表的な宗派が法相宗《ほっそうしゅう》と三論宗《さんろんしゅう》だが、この段階では、どちらも独立した教団を組織してはいなかった。

宗派の本格的な形成は平安時代に入ってからで、天台宗と真言宗が独立を果たしたことが契機になっていた。その背景には「年分度者《ねんぶんどしゃ》」の制度がある。

仏教の僧侶というものは、本来は「出家」であり、出家する際には俗世間を捨てることになる。それは、仏教が生まれたインドにおける修行者のあり方にもとづいている。仏教の開祖である釈迦《しゃか》も、家族を捨て、出家者として修行の日々を送ったとされている。

ところが日本では、当初の段階で仏教が国家主導で広まり、「国家仏教」の性格をもったことから、正式な僧侶になるためには国家の許可を必要とした。その許可を得ていない出家者は、勝手に出家した「私度僧《しどそう》」と見なされ、正式な僧侶とは区別された。

藤原京に都が移った持統《じとう》天皇10（696）年に、この年分度者の制度が生まれ、試験に合格した者だけが正式な僧侶と見なされるようになる。合格者には定員があり、全部で10名とされた。この点で、年分度者は国家の官僚に近かった。

延暦《えんりやく》22（803）年には、年分度者は南都六宗のうち法相宗が5名、三論宗が5名と定められた。天台宗や真言宗の独立といった場合にも、それぞれの宗派に年分度者が認められたことがその基盤となっていた。

天台宗に年分度者が認められたのは、その宗祖である最澄《さいちょう》が亡くなった直後で、当初は2名だった。真言宗では、天長《てんちょう》元（824）年に1名が認められ、宗祖である空海《くうかい》が亡くなる直前にはそれが3名に増員されている。

これを基盤に、天台宗と真言宗は宗派としての独立性を高めていくが、一方で、天台宗においても、真言宗においても、南都六宗と同様に学派としての性格が残されていた。

奈良の東大寺《とうだいじ》などは、南都六宗のすべてを学ぶことができる「六宗兼学《ろくしゅうけんがく》」の寺とされていたが、平安時代には、それに天台、真言を加えた「八宗兼学《はっしゅうけんがく》」の寺と呼ばれるようになる。

これは東大寺に限らないことで、聖徳太子の創建になる大阪の四天王寺《してんのうじ》もやはり八宗兼学の寺だった。その伝統は今日にまで生きており、四天王寺は宗派にこだわらないということで、「和宗《わしゅう》」と称している。

鎌倉新仏教から多くの宗派が生まれた

宗派という意識がより明確になっていくのは、鎌倉時代に「鎌倉新仏教」と言われる宗教改革の動きが生まれ、それぞれの宗祖をいだく新宗派が生まれたことによる。

鎌倉新仏教の先鞭をつけたのは浄土宗を開いた法然《ほうねん》である。法然は『選択本願念仏集《せんちゃくほんがんねんぶつしゅう》』という著作をあらわし、「専修念仏《せんじゅねんぶつ》」の教えを説いた。

念仏行はもともと、唐へ渡り、帰国後は天台座主《てんだいざす》となった円仁《えんにん》が、密教の行の一つとして持ち帰ったもので、浄土教信仰が日本でも広がりを見せるなかで、強い関心を集めるようになっていく。

法然は、最澄が開いた比叡山で学んでいたが、念仏以外の教えや実践を「聖道門《しょうどうもん》」と呼び、もっぱら念仏によって西方極楽浄土への往生をめざす「浄土門」と区別し、浄土門こそが正しい教えであるという立場をとった。

法然自身は、戒律を遵守することにつとめ、病気平癒のために授戒《じゅかい》を行うなど、念仏以外の教えを完全に否定したわけではなかった。だが、その後を継ぐ者のなかには、念仏以外の行を徹底して否定し、専修念仏の道を歩もうとする動きも生まれた。

自分たちが信じる教えや実践以外を否定することは、当然、より独立性の強い宗派の形成に結びついていく。

この法然を、とくに初期の著作において徹底的に批判した日蓮は、伊豆や佐渡への流罪《るざい》を経て、「念仏無間《ねんぶつむけん》、真言亡国《しんごんぼうこく》、禅天魔《ぜんてんま》、律国賊《りつこくぞく》」という「四箇格言《しかかくげん》」に示されているように、『法華経《ほけきよう》』への信仰以外を否定するようになっていき、その弟子たちのあいだには明確な宗派意識が生み出されていった。

曹洞宗や臨済宗といった禅宗の場合には、「不立文字《ふりゆうもんじ》」と言うように、教えを文字にして表現することを戒める傾向が強く、他の宗派を批判したり、攻撃することはなかった。

それでも、南都六宗や天台、真言といった旧仏教の宗派において出家得度《しゆつけとくど》し、そのなかで出世を遂げていくには、貴族階級の出身であることが条件として求められていたため、武家や下級貴族出身の出家者が禅宗に集中することになった。こうした点で、中世以降、禅宗も宗派としての独立性を強めていくこととなった。

本末制度が宗派の意識を強めた

しかし、宗派がより明確な形をとるのは近世に入り、江戸時代になってからのことだった。

江戸幕府は、各宗派や寺院に対して「寺院法度《じいんはつと》」を公布したり、寺社奉行を設けて、中世においては大きな力をもっていた仏教寺院をその支配下におく政策をとるようになる。

寺請制度《てらうけせいど》などもその一環で、それぞれの家は特定の菩提寺の檀家になることを強制され、それぞれの寺院は、檀家の結婚や死亡を管理する行政組織の末端としての役割を果たすようになる。

しかも、本末《ほんまつ》制度が導入されて、個々の寺院は、本山と主従関係を結ぶことを強いられた。これによって、本山と末寺《まつじ》からなる教団組織が明確化され、それが独立性をもつ宗派としての意識を強化することに結びついた。

それでも、途中で宗派を変更するような寺院もあり、宗派としての一つの教団を作り上げているという意識は、それほど強くなかった。

昭和15年の宗教団体法で28宗に

今日のように、それぞれの宗派において教団としてのまとまりが明確になってくるのは、むしろ、戦時中から戦後にかけて、宗教団体に関係する法律が整備されていった時期においてである。

まず、戦前の昭和15（1940）年に、現在の宗教法人法の前身となる宗教団体法が制定されるが、それ以前の段階では、13宗56派が存在した。

13宗とは、法相宗、華厳宗《けごんしゅう》、律宗《りつしゅう》、天台宗、真言宗、融通念仏宗、浄土宗、臨済宗、浄土真宗、曹洞宗、日蓮宗、時宗、黄檗宗であった。このうち、天台宗、真言宗、浄土宗、臨済宗、浄土真宗、日蓮宗には、その下位の派があった。臨済宗南禅寺《なんぜんじ》派といった具合にである。

宗教団体法が施行されると、認可制がとられるとともに、あわせて宗派の合同が推進され、13宗56派は28宗にまとめられた。真言宗などは真言律宗を除いて一つにまとめられ、臨済宗も国泰寺《こくたいじ》派を除いて一つにまとめられた。

その後、日本は戦争に敗れ、戦後には新たに日本国憲法が制定され、信教の自由が無条件に認められることとなった。それに伴って、認可制に示されているように宗教団体を統制する性格が強い宗教団体法は廃止され、認証制をとる宗教法人法が昭和26年に公布、施行された。

宗教法人にかんしては、よく認可と認証が混同される。認可の場合には一定の基準が定められ、それに合致したものだけが認められることになる。宗教法人と同じ公益法人に含まれる学校法人や医療法人の場合がそれにあたる。

一方、宗教法人は認証で、一定の条件を満たしている団体については、届け出さえすれば宗教法人格を獲得することができる。

このように、宗教法人は認証されるものであるにもかかわらず、多くの人たちは認可されるものと誤解している。認可だと、厳格な基準を満たしているわけで、国がその存在を許したことになるが、認証には厳格さはそれほど求められない。したがって、宗教法人格をもっていても、国の後ろ盾を得ているというわけではない。

ところが、両者は混同されている。たとえば、宗教団体が登場する村上春樹のベストセラー『1Q84』（新潮社）では、最初の方では、認可と表現され、途中から認証に変わっていく。これはたんなる誤植ではなく、認可でないと宗教法人が外からの干渉を受けない聖域だというイメージを打ち出せないからだろう。この本の校閲者が、わざと誤植を見逃したとも考えられる。

宗教法人法が施行されると、国家の政策によって合同を強いられた宗派から独立する団体もあらわれ、現在では、多様な宗派が分立する状態にある。さらに、さまざまな事情から新たに独立する団体もあり、13宗56派や28宗といった形で、全体をまとめ上げることが難しくなっている。

宗教法人法においては、「単位宗教法人」と「包括宗教法人」とが区別されている。法律用語であるために難しく聞こえるが、仏教寺院の場合には、個々の寺院が単位宗教法人にあたり、宗派が包括宗教法人にあたると考えると理解しやすい。

単位宗教法人のうち、特定の宗派の本山と本末関係を結んでいる場合には、「被包括宗教法人」と呼ばれる。一方、特定の本山と結びついておらず、宗派に属していない場合には、「単立宗教法人」と呼ばれ、被包括宗教法人とは区別される。

ただし、仏教宗派においては、僧侶の養成を宗派や、宗派が経営する大学や学校が担っていることが多く、戦後はその傾向がより強くなったので、本山に包括されている寺院の方がはるかに多い。

もう一つ戦後の傾向としては、個々の寺院で住職の職（宗教法人法の上では代表役員の地位）が事実上世襲によって受け継がれるケースが増えたことがあげられる。寺はあくまで宗教法人であり、住職の所有するものではない。だが、住職が亡くなったり、年老いたときに、その子どもや孫が引き続いて同じ寺の住職に就任するようになってきた。これは昔からのことではなく、戦後の傾向で、どの仏教宗派でも共通している。

法華信仰・密教・浄土教信仰・禅という4つの流れ

宗派の歴史的な展開は以上だが、こうした仏教宗派の教えや思想を理解する上で、ぜひとも念頭においておかなければならないことがある。

日本に仏教は、最初朝鮮半島の百済《くだら》からもたらされるが、その後は中国からの影響の方が強くなる。日本から中国に渡った僧侶もかなりの数にのぼるし、中国から日本に来た僧侶も少なくない。中国では、仏教を破壊する「廃仏《はいぶつ》」がくり返されたこともあって、その難を避けるため、日本に渡ってきて、日本で生涯を終えた中国僧もいる。

こうした交流があったことで、日本には、その当時中国で流行していた最新の仏教が伝えられた。中国の仏教は、時代とともに変遷を重ねていき、インドとは異なる独自の発展を遂げていった。日本人の僧侶たちが盛んに中国に渡ったのも、最新の動向にふれたいと考えたからだ。これは、明治の近代化がはじまって以降、さまざまな分野の日本人が欧米に出向き、旺盛に知識を摂取してきたこととの先駆と言える試みである。

その結果、日本の仏教のなかに、主要なものとして4つの流れが生まれる。それが、法《ほっ》華《け》信仰、密教、浄土教信仰、禅である。

宗派のなかには、もっぱらこのうちの一つの流れだけを強調するようなところもあるが、他の流れにかんしても、影響の大きさには違いがあるが、どの宗派も何らかの形で取り入れている。

法華信仰とは、大乗仏典の一つである『法華経』に対する信仰に発している。中国で天台宗を開いた天台智顗《てんだいちぎ》は、釈迦の教えを整理して、仏典がどのような順番に成立してきたかを明らかにする「教相判釈《きょうそうはんじゃく》」の作業を行い、『法華経』を最高位に位置づけた。そのことが法華信仰の成立に大きく影響した。智顗は、大乗仏教以前の「部派仏教（小乗仏教）」の段階では、修行を経た人間だけが悟りを開いて仏になれると説かれたのに対して、『法華経』では、誰もが仏になれると説かれている点を強調した。

この天台の教えを日本に伝えたのが最澄になるわけだが、すでに飛鳥時代には、聖徳太子があらわしたとされる『法華義疏《ほっけぎしょ》』という『法華経』の解説書も登場しており、日本における法華信仰は聖徳太子に遡る（ただし、『法華義疏』は聖徳太子の著作でない可能性が高い）。

法華信仰において『法華経』が最高位の仏典に位置づけられ、「諸経の王」とも評されたことから、『法華経』の経巻《けいかん》自体に対する信仰も生まれる。その代表的な事例としては、平家の一門が安芸《あき》の宮島、厳島《いつくしま》神社に奉納した「平家納経」が有名である。

日蓮も、智顗や最澄の教えにもとづき、『法華経』をもっとも重視し、それを否定する教えを、正しい仏法に背く「謗法《ほうぼう》」として強く批判した。したがって、法華信仰は、天台宗と日蓮宗においてその中核をなしているが、真言宗にも取り入れられているし、禅宗などもある程度その影響を受けている。

密教は、インドにおける大乗仏教の発展のなかで、その最後の段階で生まれたもので、仏教信仰が土着のヒンドゥー教と習合したところに生まれた。密教は、神秘的な力を駆使するところに特徴があり、護摩《ごま》を焚くなどさまざまな儀礼、「修法」が開拓された。密教の立場からすれば、他の大乗仏教の教えは、まだ秘密の教えに到達していない「顕教《けんきょう》」としてとらえられる。

顕教と密教とは必ずしも対立するものではなく、密教は、その摂取においてもっとも中心的な役割を果たした空海の真言宗においてだけではなく、天台宗や南都六宗においても併行して学ばれた。最近の歴史学の世界には、そうした体制をさして「顕密体制」と呼ぶ動きがある。

密教は、奈良時代にもすでに取り入れられていたものの、それは体系化されていない「雑密《ぞうみつ》」と呼ばれるものだった。本格的に密教が取り入れられるのは、空海と最澄が唐に渡ってからで、その後は、日本の仏教界全体を席捲するほどの広がりを見せた。したがって、密教の影響は他の宗派にも及んでおり、ほとんど影響を受けていないのは浄土真宗くらいしかない。

浄土教信仰は、来世信仰の一種で、死後に西方極楽浄土に生まれ変わることを願うものである。浄土というとらえ方は、インドの仏教にはないもので、中国から日本に伝えられた。インドでは、輪廻《りんね》のくり返しによって苦がもたらされることを強調し、生まれ変わりを肯定しない。仏教が渡来してすぐに浄土信仰は生まれるが、それが念仏信仰を伴って流行するのは、平安時代末期からのことである。

念仏は、もともと天台宗の円仁が密教の行の一つとして伝えたもので、末法思想が広まるなかで、念仏を唱えることで極楽浄土へ生まれ変わることをめざす浄土教信仰が流行した。天台宗の僧侶だった源信《げんしん》は、『往生要集《おうじようようしゆう》』をあらわして、地獄の責め苦にあわないために極楽往生することを説き、念仏を実践する信仰者の集団である「二十五三昧会」という講も組織した。それを引き継いで、もっぱら念仏による極楽往生を説いたのが鎌倉時代の法然である。法然は浄土宗を開くが、その弟子の親鸞《しんらん》は浄土真宗を開くことになる。他にも、念仏の宗派としては、良忍《りようにん》の融通念仏宗と一遍《いっぺん》の時宗がある。

天台宗や真言宗でも、浄土教信仰は盛んに取り入れられ、今日にまで受け継がれている。

中国では明の時代に、念仏と禅とを結びつけた「念仏禅《ねんぶつぜん》」が説かれ、それを日本に伝えたのが黄檗宗の隠元《いんげん》である。

法華信仰、密教、浄土教信仰が、公家や武家をはじめ、庶民にまで広がったのに対して、禅は限定的な形で受容された。禅は、さまざまな宗教で実践される瞑想の一種で、直接にはインド出身の僧侶、達磨《だるま》に遡るが、智顗の著作『摩訶止観《まかしかん》』の影響も大きい。

禅の受容が限定的なものになったのは、座禅という実践を必要とするからである。禅は、他の3つの流れとは異なり、現世利益や浄土への往生といった実利的な効果をもたらすものではない。むしろ精神的な安定や生活規範として機能するもので、鎌倉時代以降は、新たに台頭した武家に好まれた。

ただ禅は、茶道や華道、武士道などに影響を与え、日本独自の文化を形成することに大きく貢献した。禅の宗派としては、曹洞宗、臨済宗、黄檗宗などがある。他の宗派で禅が取り入れられることは少ない。

仏教と神道の習合と分離

この4つの流れの上に日本の仏教の歴史が展開し、宗派が形成されていくわけだが、もう一つ頭においておかなければならないのが、仏教と神道との関係である。

これについては、拙著『神も仏も大好きな日本人』（ちくま新書）で詳しく述べているので、そちらを参照していただきたいが、外来の仏教と土着の神道は密接な結びつきをもち、そこに「神仏習合《しんぶつしゅうごう》」と呼ばれる事態が生まれた。

神仏習合という事態を正当化する理論としては、「本地垂迹説《ほんじすいじゃくせつ》」が名高い。この説においては、神道の神々は仏教の仏が日本にあらわれたものだと解釈された。神仏習合は、他の宗教にも見られる「シンクレティズム（諸教混淆《しょきょうこんこう》）」の一種ではあるものの、片方の宗教のなかにもう片方の宗教が取り込まれてしまうのではなく、仏教と神道が独立性を保ったところに特徴がある。

だからこそ、近代がはじまる時点において、「神仏分離《しんぶつぶんり》」という形で仏教と神道とを分離させることが可能だったわけである。この神仏分離は、仏教の諸宗派に大きなダメージを与えることになるが、さらには、それ以前の神仏習合の信仰を消し去り、それを見えないものにしてしまった。この点も、日本の仏教の歴史、宗派の歩みを考える上で、やはり念頭においておかなければならないことである。

第1章 日本仏教宗派の源流、南都六宗（法相宗、華厳宗、律宗＋聖徳宗）

現代も生き残り1400年の歴史を誇る

南都六宗とは、奈良時代に入って、当時の都である平城京において成立した日本の仏教宗派の源流である。ただし、宗派とは言っても、序章で述べたように、むしろ学派としての性格が強かった。その点では、確固とした教団組織を形成した今日の仏教宗派とは様相を異にしている。

現代においても、興福寺《こうふくじ》と薬師寺《やくしじ》を大本山とする法相宗、東大寺を大本山とする華厳宗、唐招提寺を総本山とする律宗が存続し、南都六宗は受け継がれている。法相宗から戦後に独立した法隆寺をその本山とする聖徳宗《しょうとくしゅう》も、このなかに含まれる。ここにあげた寺院は、いずれも7世紀から8世紀に創建されたもので、宗派としての歴史は1300年から1400年の長きにわたっている。それだけ長い歴史をもっている宗派というものは、世界を見渡してもそれほど多いわけではない。

南都とは、京都の平安京を北都と呼ぶことから生まれた言い方である。当然、奈良時代にそうした呼び方はなかった。南都という呼称がいつ頃から使われるようになったのか、必ずしも明確ではないが、文献上では、奈良の寺々をめぐって大江親通《おおえのちかみち》がつづった『七大《しちだい》寺巡礼私記《じじゅんれいしき》』にはじめて登場する。この書物が書かれたのは、平安時代末期の保延《ほうえん》6（1140）年のことである。

『七大寺巡礼私記』に登場する七大寺とは、東大寺、興福寺、元興寺《がんごうじ》、大安寺《だいあんじ》、西大寺《さいだいじ》、薬師寺、法隆寺のことをさす。親通はこの順に南都の七大寺をめぐっている。ただし、一般に南都七大寺と言われるとき、法隆寺が斑鳩にあって奈良の中心から遠いため、その代わりに唐招提寺《とうしょうだいじ》が含まれることがある。

七大寺はどれも現存しているが、元興寺、大安寺、西大寺は当時に比較すればかなり衰えており、往時の姿を偲ぶことが難しい。こうした寺院が七大寺に含まれることが意外だと思う人も少なくないだろう。

興福寺も、伽藍《がらん》の中心となる中金堂はようやく再建がはじまった段階で、境内と奈良公園の境が明確ではなく、寺としてのまとまりを失ってしまっている。正岡子規が興福寺についで明治時代に詠んだ「秋風や囲もなしに興福寺」の句は、現在の興福寺にもあてはまる。

長い歴史を経ることで、かつては威容を誇った南都六宗の大寺も衰退してしまったことになるが、興福寺などの場合には、明治維新における神仏分離や廃仏毀釈《きしやく》の後遺症によるところが大きい。現在国宝館において、阿修羅像をはじめ興福寺の重要な仏像が展示されているのも、それぞれの仏像を祀るべき仏堂が失われたままになっているからである。

薬師寺も、今では立派に再興されているが、明治維新以降、戦後になるまで廃寺同然の状態にあった。大正時代の薬師寺がいかに衰退していたかは、和辻哲郎の名著『古寺巡礼』(岩波文庫)にかなり印象的な形で記されている。講堂の扉や金堂の壁は崩れ、境内には雑草がはびこっていた。今では考えられない状態である(この点について、詳しくは前掲『神も仏も大好きな日本人』を参照)。

仏教が宗派として自立する前の「兼学」時代

南都六宗のなかには、もともと倶舎宗《くしやしゆう》、成実宗《じようじつしゆう》、律宗、三論宗、法相宗、華厳宗が含まれる。ただし、倶舎宗は法相宗に付属する「寓宗《ぐうしゆう》」で、成実宗も三論宗のやはり寓宗であり、宗派としての実体をもっていなかった。それを反映し、倶舎宗や成実宗の寺院は建《こん》立《りゆう》されたことがない。

華厳宗は、奈良時代の最盛期である天平《てんぴよう》年間(729〜49年)に遅れて中国から伝えられたとされており、それ以前には「五宗の学」という言い方がされていた。「南都五宗」

の時代があったわけである。ほかに、摂論宗、修多羅宗、別三論宗といった宗派があったとされているが、それぞれがどういったものであったか具体的な中身は伝わっていない。

奈良時代には、仏教が伝来して以来100年は経っていたが、まだその草創期であり、日本仏教は十分な発展を見せていなかったし、体系化も進んでいなかった。それは、宗派がまだ確立されないという事態にも結びついた。そもそも日本が仏教を移入した当時の中国では、日本以上に宗派の区別は曖昧だったともされている。

インド時代の仏教は、原始仏教の時代を経て、「上座部《じょうざぶ》」と「大衆部《だいしゅぶ》」に分かれ、上座部はさらにいくつもの部派に分裂していった。それによって「部派仏教」という呼称が成立した。いくつもの派に分かれているという意味である。

一方、在家信徒のなかから大乗《だいじょう》仏教の流れが生み出されていくが、当初の段階では、宗派によって教団組織を形成するようにはならなかった。その点から考えても、宗派が明確に形成されるということは、日本仏教の特徴だとも言えるのである。

「はじめに」でもふれたように、仏教以外の宗教においても、さまざまな形で分裂や分派がくり返され、多くの宗派が形成されている。

キリスト教では、カトリック、東方正教会、プロテスタントという3つの大きな流れに分かれていくが、カトリックが世界的に一つの組織を形成しているのに対して、東方正教会はロシア正教やギリシア正教のように国別、民族別に組織されているし、プロテスタントはその思想や階層、人種などに応じてさまざまな宗派に分裂している。

そもそも初期のキリスト教は、ユダヤ教のなかの一宗派としてはじまる。ユダヤ教にも、正統派、保守派、改革派などいくつかの宗派がある。

現在、信者の数ではキリスト教に次ぐイスラム教（イスラームとも呼ばれる）では、スンニ派とシーア派に大別される。スンニ派には、カトリックのバチカンのような中心が欠けていて、広範な地域に広がっている分、各地で土着化しており、宗派という意識は希薄である。シーア派はさらに、いくつもの宗派に分かれている。

このように、宗教に宗派はつきもので、どこでも分裂や分派がくり返されていくが、その背景には民族の違いや地域差、あるいは社会階層などが関係している。

先にあげた南都六宗の七大寺は、地域的にも平城京に集中しており、また朝廷や豪族などの権力者が創建したもので、そもそも宗派としての独立性を獲得していく社会的な条件や基盤が欠けていた。そこで、学派としての性格が強かったわけだが、教えによって明確に学派が分かれ、学派同士のあいだで論争や議論が巻き起こっていたというわけでもなかった。
それを象徴するのが、「兼学」という考え方である。南都六宗のすべての教えをあわせて学ぶ「六宗兼学」が基本であった。平安時代に入って、新たに天台宗と真言宗が成立すると、それを含めた「八宗兼学」が各寺院において実践された。その意味では、学派としてとらえるよりも、学問の内容、学説としてとらえた方が実情に即しているかもしれない。八宗兼学ということを通して、南都六宗の寺院に密教が浸透した顕著な痕跡は、薬師寺に見出すことができる。

薬師寺は今日、法相宗の大本山という立場にあるが、そのなかに「密教部」という部署が設けられている。薬師寺では、毎年10月8日、その創建を発願した天武天皇の遺徳《いとく》を偲んで「天武忌《てんむき》」という行事を営んでおり、その日の午後には、境内に山伏が集まってきて、不動堂の前に大きな護摩壇《ごまだん》を作り、そこに点火して護摩木《ごまぎ》を投げ入れる。この「柴燈護摩《さいとうごま》」を営むのが密教部の役割であり、薬師寺の信仰のなかに密教が取り入れられている。不動堂は、密教の中心的な仏、大日如来《だいにちにょらい》の化身である不動明王《ふどうみょうおう》を祀る仏堂である。

薬師寺が創建された飛鳥時代には、まだ日本に本格的な形では密教が伝えられていなかった。薬師寺に密教部が生まれたのは、真言宗をも兼学するようになった平安時代以降のことと考えられるのである。

大乗仏教の三論宗・法相宗・華厳宗、小乗の倶舎宗・成実宗・律宗

では、南都六宗の教えの内容はどういったものだったのだろうか。

六宗のなかで最初に日本に伝えられたのが、三論宗の教えであるとされている。三論宗の教えは、インドの龍樹《りゅうじゅ》（150〜250年頃）に遡る。

龍樹は、今日でも、仏教史における最大の思想家として高く評価され、大乗仏教の体系化に貢献したとされている。その著作には『中論』や『十二門論』がある。これに、龍樹の弟子となった提婆《だいば》の著作『百論』を加えて「三論」と言い、それが三論宗の宗名の由来になっている。

龍樹の思想の根幹には「空」の考え方がある。空とは、この世界に存在するものはすべて実体をもたないもので、関係性のなかでのみその固有の性格を示しているという認識である。それを端的に表現したことばが「一切皆空《いっさいかいくう》（あらゆるものは空である）」で、大乗仏典のなかの、とくに『般若経《はんにゃきょう》』で展開されている。

日本人にはとくになじみが深い『般若心経《しんぎょう》』が、空を強調し（「色即是空、空即是色」）、

空によって苦から解き放たれる可能性を示唆しているのも（「度《ど》一切《いっさい》苦厄《くやく》」）、膨大な『般若経』の思想を短いことばで要約しようとしたからである。

この三論宗の教えは、中国では隋の時代に吉蔵《きちぞう》（５４９～６２３年）によって大成され、日本にはこの吉蔵の弟子などに学んだ僧侶によって伝えられた。

三論宗は唐の時代に入ると衰えていき、日本でも同じ傾向が見られた。その三論宗を凌《りょう》駕《が》するようになるのが、南都六宗のもう一つの有力な宗派、法相宗である。

法相宗は、インドではなく中国で生まれた宗派で、その教えの基本にあるのは「唯識《ゆいしき》説」である。唯識説では、意識の下に、煩悩を生み出す働きをもつ「末那識《まなしき》」を、さらにはその下にすべての意識現象を生む根源としての「阿頼耶識《あらやしき》」の存在を想定する。

今日、この阿頼耶識は、深層心理学で説かれる無意識と共通したものであると考えられ、その点で唯識説はこころの科学の先駆的なものとして注目を集めている。

ただし、法相宗においては、もっぱら唯識説が研究されたわけではなく、広範な分野にわたって研究が進められ、どうして人間は究極の真理を悟ることができないか、その原因が究明された。それは、悟りを開いて仏になれる人間となれない人間とを区別し、悟るための修行の重要性を強調する方向にむかった。

その点で、後にあらわれた天台宗の最澄が、すべての人間に仏になる可能性があることを認めたのと対照的な考え方であり、それが法相宗の僧侶たちと最澄とのあいだに激しい論争を生む原因になっていく。

華厳宗の場合には、この宗派で主に用いられる仏典、『華厳経』のなかでは、壮大な宇宙論が展開され、宇宙の成り立ちを説明する難解な哲学的思索が試みられている。けれども、現実の現象とのあいだの具体的な関係が説明されていないために、観念的なものにとどまり、後の時代には継承されず、発展していくことにはならなかった。むしろ、華厳宗の大本山である東大寺の大仏にその思想が生かされている点が注目されてきた。

以上の宗派は、いずれも大乗仏教の流れのなかに属するものだが、倶舎宗や成実宗、そして律宗は、それ以前の部派仏教の流れのなかから生まれたものである。そうしたものは、大乗仏教からは「小乗《しょうじょう》仏教」として蔑まれた。倶舎宗や成実宗が法相宗や三論宗の寓宗とされたのも、そこに原因がある。

ただし、律宗の場合には、僧侶の生活の規範となる「律」を研究の対象とするもので、それは大乗仏教の僧侶にも深く関係することから、寓宗のような低い扱いは受けなかった。

なお、一般に律は、「戒律」という形で戒とセットになっているが、両者は実は別のものである。戒が仏教の信者全般が自発的に守ろうとする戒めであるのに対して、律は僧侶の集団、教団のなかでの規則で、その分、罰則を伴っている。

日本に正式に律宗を伝えたのが唐から渡来した鑑真《がんじん》である。鑑真は、日本人僧侶の要請で日本に渡ることを決意するが、くり返し渡航に失敗し、6度目でようやく成功している。

檀家をもたない南都六宗の寺

以上見てきたように、南都六宗の宗派のあいだでその思想に根本的な違いがあったとしても、兼学が基本となっている以上、一つの寺でもっぱら一つの学派が研鑽され、それを基盤に教団組織が形成されるということにはならなかった。

しかも、飛鳥時代から奈良時代にかけて創建された寺のなかで規模の大きなものは、国の費用で経営される「官寺《かんじ》」だった。あるいは、豪族などが氏寺《うじでら》として建てた私寺《しじ》に対しても、その経営を支えるために国から墾田《こんでん》が与えられ、官寺に準じる地位を与えられた。

このように、国家が仏教を支える体制は、戦後になって「国家仏教」と呼ばれるようになる。国家というスポンサーが寺の経済を支える体制が確立されている時代には、それぞれの寺が教団を組織し、独自に経済基盤を確立していく必要が生まれなかった。その点でも、宗派を形成する必要が生まれなかったのである。

南都六宗の寺院では、国家による支えがある以上、経済的な支援をしてもらう檀家をもつ必要がなかった。他の宗派の寺院が、葬儀を司ることで「葬式仏教化」していくのは近世以降のことになるが、今日でも南都六宗の寺院は、檀家のための墓地を設けず、葬儀を営むことがない。それも、かつての名残である。

現在でも、南都六宗の寺院で僧侶が亡くなったとき、その寺の僧侶が葬儀を営むことはない。葬儀は他の宗派の僧侶に依頼されるし、僧侶の墓もそうした菩提寺のなかに設けられる。そのために、南都六宗の寺は、今日まで葬式仏教への道をたどってはいないのである。

巨大な寺社勢力を誇った延暦寺と興福寺

南都六宗と言うと、奈良時代の仏教というイメージがあるかもしれないが、実は社会的に大きな力をもつのは、平安時代以降の中世においてである。

そもそも平城京から長岡京を経て平安京への遷都が行われた大きな理由として、平城京には規模の大きな寺がいくつも存在し、強い勢力を誇って、政治にも深く干渉してきたからだと指摘されている。

それと比較した場合、平安京には最初、東寺《とうじ》（教王護国寺《きょうおうごこくじ》）と西寺《さいじ》の建立しか許されなかった。東寺の方は、その後空海に与えられ、真言密教の道場として存続していくが、西寺の方はやがて衰え、鎌倉時代には廃寺になっている。

ただし、平安時代も末期になってくると、京の鬼門の位置にあった天台宗の総本山、比叡山延暦寺は、寄進によって多くの荘園を所有するようになり、強い力をもつようになっていく。その比叡山が、10世紀末以降、支配下においていたのが祇園社《ぎおんしゃ》、つまりは今の八坂《やさか》神社である。祇園社は、京の市中に多くの領地をもち、そこにはその後成立する武家政権の権威も及ばなかった。

ゼネコンであり銀行でもあった南都北嶺

もう一つ、京の都のなかで祇園社と同じような状況におかれていたのが清水寺《きよみずでら》であった。その清水寺を末寺にしていたのが、南都の興福寺である。中世の興福寺は、大和国《やまとのくに》、現在の奈良県のほとんどの土地を荘園として所有し、その圧倒的な経済力によって京にも影響力を及ぼしていた。

「南都北嶺《なんとほくれい》」とは延暦寺と南都の諸寺のことをさすが、実質的には延暦寺と興福寺のことを意味する。この2つの寺院は、朝廷や幕府と拮抗《きっこう》し、中世における権力を三分したのである。

南都北嶺は僧兵を抱え、武力を所有することで、独立性を保っていた。自分たちの要求が朝廷や幕府などに受け入れられないときには、神輿《みこし》や神木《しんぼく》を街のなかに担ぎ込み、そのままそこに居すわって要求を通した。それは、「強訴《ごうそ》」と呼ばれた。

その点だけに注目すると、南都北嶺は暴力集団のようなイメージになってしまうが、同時に、大工や各種の職人などを抱え、さまざまな産業を担っていた上に、金融活動も実践していた。その点では、今日のゼネコンや商社、銀行などと似た役割を果たしていたことになる。その上に武力まで有していたわけだから、独立国としての性格をもっていたとも言えるのである。

南都では、興福寺だけではなく、東大寺も同様に多数の荘園を寄進され、僧兵を抱えて、強訴なども行っていた。今日の歴史学では、中世において強い経済基盤の上に権力をふるった寺院や神社のことをさして、「寺社勢力」と呼ぶ。南都六宗の寺院は、この寺社勢力として、その存在感を示したのである。

寺社勢力がそれだけの権勢《けんせい》を誇ったために、朝廷や武家と対立関係が生じ、ときには全面的な武力衝突に至ることもあった。平安時代末期の治承《じしょう》４（１１８０）年には、平家の棟梁、平清盛の命令によって平重衡《たいらのしげひら》が興福寺や東大寺を焼き討ちにした「南都焼き討ち」という事件も起こっている。このときには東大寺の大仏殿が焼失している。

それでも、鎌倉時代には、東大寺や興福寺の再興がはかられた。運慶《うんけい》や快慶《かいけい》といった仏師たちが活躍し、数多くの優れた仏像も作られた。それも南都六宗の大寺が強い経済力をもっていたからで、室町時代に入っても、大和国の守護をつとめたのは興福寺であった。

その後、戦国時代を経て近世に入る時点では、天下を統一する上で、いかに寺社勢力を抑えるかが課題になった。織田信長の比叡山焼き討ちや豊臣秀吉の検地や刀狩りは、寺社勢力から領地や兵力を奪い、世俗の権力の支配下におく試みだった。そうした体制は、徳川幕府の成立によってより強固なものになっていく。

「神仏習合」の著しさゆえに「廃仏毀釈」の影響をもろに被る

もう一つ、南都六宗の寺院が日本の宗教の歴史的な展開のなかで重要な役割を果たしたこととして、「神仏習合」の傾向を強めたことがあげられる。神仏習合は、序章でもふれたように、土着の神道と外来の仏教とが、お互いに異なる役割を果たしながら融合し、習合していった現象のことをさす。

それは、他の宗教においても見られる「シンクレティズム（諸教混淆）」の日本的なあらわれだが、神道と仏教がともに独自性を保持した点に特徴がある。キリスト教はヨーロッパの土着信仰を取り入れていったが、その際に、土着信仰の方は独立性を失ってしまった。神道はそうした運命をたどらなかった。

神仏習合の先駆ということでは、東大寺の大仏が建立される際に、その無事を祈るために、九州から宇佐八幡宮《うさはちまんぐう》の八幡神《はちまんじん》が勧請《かんじょう》された出来事をあげることができる。現在の手向山《たむけやま》八幡宮がそれである。

興福寺の場合には、藤原氏の氏寺として創建され、やはり藤原氏の氏神として創建された春日大社《かすがたいしゃ》と密接な関係をもってきた。日本の神々は実は仏教の仏がその姿を地上にあらわしたものだとするのが、神仏習合の現象を理論化した「本地垂迹説《ほんじすいじゃくせつ》」だが、興福寺の各仏堂に祀られた仏は、春日大社の祭神の本地仏であるとされたのだった。

また興福寺は、修験道《しゅげんどう》の派の一つ、当山派《とうざんは》の後ろ盾でもあった。一般的に、天台宗系の修験道は本山派《ほんざんは》で、当山派は真言宗系であるとされている。だが、当山派が真言宗の醍醐《だいご》寺三宝院《じさんぼういん》の傘下に入るのは室町時代末期のことで、それ以前の段階では、興福寺や法隆寺、あるいは明治時代に入ってから廃寺になった内山永久寺《うちやまえいきゆうじ》など南都六宗の寺院を拠点に活動が展開されていた。修験者たちが修行を行い祈禱などの宗教的な実践を営んでいた場所がある大和国全体を興福寺が支配していたのだから、それも当然のことである。

だが、神仏習合の傾向が著しかったことが、近代に入ると、かえって南都六宗の寺を荒廃させることにつながっていく。明治維新に際しての神仏分離と廃仏毀釈《きしやく》の影響をもろに被ることになったからだ。

それまで長いあいだ、神道と仏教は密接な関係をもち、さまざまな形で融合し、習合していた。両者は一体の関係で結ばれていて、それは分かち難いものになっていた。

ところが、日本に固有の神道の純粋性を強調する国学者や神道家が台頭し、明治新政府を立ち上げる際に重要な役割を果たしたことで、神道の世界から仏教的なものを一掃しようとする動きが生まれた。それは、平田篤胤《ひらたあつたね》などが唱えた「復古神道」の思想にもとづくもので、すでにその萌芽は江戸時代に見られた。その流れが明治新政府の誕生をきっかけに、神仏分離として具体化されたのである。

その結果、広大な領地を抱えていた南都六宗の寺院は、それを奪われた上に、仏教そのものを排斥しようとする過激な廃仏毀釈の嵐にさらされることになる。

とくに興福寺のように、大和国を支配するほどの力を有し、しかも神仏習合の傾向が著しかった寺院ほどより大きな打撃を受けた。興福寺の三重塔や五重塔は危うく売却されそうになり、境内地も奪われて奈良公園になった。内山永久寺が廃寺になったのも、興福寺との関係が密接だったからである。

法隆寺なども、廃仏毀釈の影響を受けて、経済的に困難な状況におかれる。そのため、明治11（1878）年に、「唐本御影《とうほんみえい》」として知られ長く一万円札に使われた聖徳太子の肖像画や隋唐からもたらされた金銅仏など300あまりの宝物が皇室に献納された。その際に法隆寺は皇室から1万円を下賜《かし》され、それで伽藍《がらん》を修理したり、公債を購入して、その利子を維持費にあてるようになった。この献納された宝物は「法隆寺献納宝物」と呼ばれ、現在、その多くは東京国立博物館の法隆寺宝物館で保管、展示されている。

高度経済成長時代の修学旅行が南都六宗を救った

このように南都六宗の各寺院は、近代に入ってから相当に厳しい状態におかれた。さまざまな形で復興のための努力が行われたものの、それはかなりの難事業になった。何より広大な土地を奪われることで経済基盤を失ってしまったことが大きかった。

それを救ったのが戦後の高度経済成長だったと言えるかもしれない。国民全体が豊かさを享受できるようになると、観光のために奈良を訪れるような人たちが増えていった。そこには、交通機関の発達やモータリゼーションの進展ということも関係していた。

中学生や高校生も修学旅行に出掛けるようになり、その行き先に奈良が含まれるようになった。やがて薬師寺の管主となる高田好胤《たかだこういん》などは、修学旅行生に対してユーモア溢れる法話を行い、５００万人以上の生徒を集めた。高田は写経も広め、それを納経する際の供養料で伽藍の修復事業を進めた。

このように南都六宗の各寺院は、「観光寺院」として生き抜くための努力を重ね、戦後、しだいに復興を遂げていった。さらに、世界遺産に指定されたことも追い風となり、今日では多くの観光客を集め、安定した経済基盤を確保できるようになっている。

もともとは宗派としての独立性をもたなかった南都六宗の各寺院も、歴史の流れのなかで平安時代以降に成立した各宗派と同様に教団組織を確立するようになっていく。

法相宗は、興福寺、薬師寺、法隆寺が大本山となったが、戦後、法隆寺は独立し、聖徳宗を名乗っている。聖徳宗には他に、法隆寺周辺にある法起寺《ほっきじ》、法輪寺《ほうりんじ》、中宮寺《ちゅうぐうじ》が属している。

三論宗が盛んだった寺院としては元興寺と大安寺があげられるが、現在前者は真言律宗に、後者は高野山真言宗に属しており、三論宗という宗派は現存しない。

華厳宗は東大寺が大本山で、律宗は唐招提寺が総本山である。

信者数は、法相宗が51万8775人とある程度の規模を保っているが、聖徳宗は1万9637人、華厳宗は3万9144人、律宗は2万9500人と少ない。南都六宗全部をあわせても60万人程度にとどまっている（文化庁編『宗教年鑑』平成21年版より。以下、各宗派の信者数はこれによる）。

第2章 仏教の総合大学、比叡山の天台宗

日本仏教の新しい歴史を開く

日本における仏教の歴史を考える際に、最澄が開いた天台宗ほど重要な宗派はない。前の章で述べたように、興福寺と天台宗の総本山、比叡山延暦寺は、中世において南都北嶺として絶大な権力を誇り、朝廷や武家と拮抗した。

鎌倉時代には、鎌倉新仏教の諸宗派が誕生することになるが、それぞれの宗派を開いた宗祖は、その大半が比叡山で学んだ経験を有している。浄土宗の法然、浄土真宗の親鸞《しんらん》、曹洞宗の道元《どうげん》、臨済宗の栄西《えいさい》、そして日蓮宗の日蓮もである。

当時の比叡山では、あらゆる仏教の流れについて学ぶことができた。さらには、儒学や朱子学など仏教以外の学問についても学ぶことが可能だった。その上、比叡山は膨大な荘園を抱え、各種の産業を担っていたので、そうした方面について学ぶことも可能だった。比叡山は、総合仏教大学であるにとどまらず、数多くの学部をもつ総合大学であったとさえ言えるのである。

現在、延暦寺を総本山とする天台宗は153万4872人の信者を抱えている。他に、この延暦寺と長く対抗関係にあった園城寺（三井寺）を総本山とする天台寺門宗《じもんしゅう》は31万2

360人、滋賀県大津市の西教寺《さいきょうじ》を総本山とする天台真盛宗《しんせいしゅう》は5万2331人の信者を数えている。文化庁の分類で「天台系」に属する寺院は4524カ寺で、全体の信者数は312万1730人に及んでいる。

信仰の系統で見ていった場合、天台系の信者数は、浄土系、日蓮系、真言系、禅系を下回っており、全体としてはそれほど多くはない。ただし、宗教法人を単位とすると、天台宗は、曹洞宗、浄土真宗本願寺派（西本願寺）、浄土宗、真宗大谷派（東本願寺）、高野山真言宗、日蓮宗に次いで多い。

150万人を超える信者を抱えている以上、天台宗は大教団だということになるが、天台宗から分かれた他の宗派の方が、はるかに信者の数が多い。現在の天台宗は規模の面で決してナンバーワンの宗派というわけではない。

それを反映して、天台宗のことが社会的に注目される機会はかなり限られている。

最近ではパワー・スポットのブームが起こり、比叡山もその一つとして紹介されることが増えてはきたが、根本中堂《こんぽんちゅうどう》を除けば観光客がぜひとも訪れてみたいと思う建築物や仏像は比叡山にはほとんど存在していない。

そこには、織田信長などによって焼き討ちにされたことが影響している。それによって多くの建物や文化財が焼失してしまったからだ。仏教関係の展覧会が注目を集めるなかで、天台宗関係、比叡山関係の展覧会がさほど開かれないのも、その影響である。むしろ園城寺の方が注目される宝物を数多く有している。

また、現代にも受け継がれている伝統的な祭祀も見受けられない。比叡山には、東大寺のお水取りのような行事がない。わずかに千日回峰行《せんにちかいほうぎょう》がメディアの注目を集めたりしているが、この行に挑む行者はそれほど多くはないし、見学できるような性格のものではない。

要するに、天台宗という宗派は、その歴史や重要性の割に、注目されることが少ないのである。

なぜ天台宗に注目が集まらないのか

その第一の原因は、宗祖である最澄に求められる。最澄が日本の仏教史において果たした役割は極めて重要だが、存在感はかえって希薄なのである。

最澄は、真言宗の宗祖である空海と同じときの遣唐使船で唐に渡っている。ところが、空海ほど注目されることは少ない。中国での事績についても、空海にどういった功績があったかは広く知られていて、話題として取り上げられることも多いが、最澄の仕事はほとんど知られていない。

日本の仏教宗派の宗祖全体を考えてみたとき、社会的な注目度が高い人物と、さほど注目度が高くない人物とに分けられる。空海をはじめ、親鸞や日蓮はさまざまな形で注目されてきた。要は、カリスマ的な人物として扱われてきたわけだ。その一方で、最澄をはじめ、法然、道元、栄西となると、個人としての注目度は低い。

その証拠に、空海、親鸞、日蓮については伝記映画が作られてきたが、他の宗祖にはそれがない。最近、道元の生涯をたどった『禅─ZEN─』（高橋伴明監督）という映画が制作され、一般公開されただけである。少なくとも最澄についての映画はない。

小説ということでも、最澄を扱ったものは少ない。わずかに栗田勇《くりたいさむ》の『最澄』（全三巻、新潮社）があるくらいである。比叡山薪歌舞伎《たきぎかぶき》では、最澄の生涯をたどる作品が2度上演されているが、これはあくまで天台宗の宗派が企画した公演である。

ただし、最澄にカリスマ性が欠けていることだけが、天台宗があまり注目を集めない原因ではない。天台宗が仏教宗派として総合的な性格をもっていることがかえってあだになっている。

比叡山には昔から「朝題目《あさだいもく》に夕念仏《ゆうねんぶつ》」ということばが伝わっている。朝題目とは「法華《ほっけ》懺法《せんぼう》」と呼ばれる儀式のことをさすが、これは、『法華経』を読誦《どくじゅ》することで懺悔《ざんげ》することを目的としたものである。それを朝に営むのだ。

一方、夕念仏とは「例時作法《れいじさほう》」、あるいは「常行三昧《じょうぎょうざんまい》」と呼ばれる儀式のことで、夕方に念仏を唱えることで阿弥陀仏の住まう極楽浄土への往生をめざすものである。

これに対応して、比叡山の3つある区域の一つ「西塔《さいとう》」には、法華堂と常行堂という同じ形の建物が左右に建ち並んでおり、それぞれの仏堂で法華懺法と例時作法が営まれるようになっている。

このように比叡山では、序章でふれた日本仏教の4つの流れのうち法華信仰と浄土教信仰がともに実践されている。また密教も盛んで、それらと共存している。そこにこそ比叡山の特徴が見出されるわけだが、それがかえって比叡山のイメージを曖昧なものにしている。要するに、天台宗の教えは何かと言ったとき、端的に説明することができないのだ。そもそも、「朝題目に夕念仏」ということばには、転じて信仰や信念が定まらないという意味がある。

天台宗では、『法華経』が根本経典に定められていて、そのために「天台法華円宗《てんだいほっけえんしゅう》」や「天台法華宗」、さらには「法華宗」などとも呼ばれる。しかし、後に日蓮があらわれて、

『法華経』について独自の解釈を施した上、日蓮の教えを受け継ぐ者たちが独自に法華宗を組織したため、天台宗を法華宗とは呼びにくくなった。この日蓮と法華宗の出現も、天台宗の独自性を失わせることに結びついた。

ただし、天台宗が日本の仏教史において果たした役割は大きく、その存在抜きに仏教宗派の歴史を跡づけることができないのも事実なのである。

帰国後、南都六宗と対立した最澄

日本の天台宗は中国の天台宗に発しており、その教えを取り入れることで成立した。中国の天台宗を開いたのが隋の天台智顗（538〜597年）で、「天台大師」とも呼ばれる。智顗には、『法華玄義《ほっけげんぎ》』、『法華文句《ほっけもんぐ》』、『摩訶止観』といった著作があり、これは天台宗において「三大部」と呼ばれ、その教義の根本を示したものとされている。

『法華玄義』と『法華文句』は、その書名が示しているように『法華経』の解説であり、智顗は大乗仏典のなかで『法華経』を最高位に位置づけた。智顗は、「五時八教《ごじはっきょう》」と呼ばれる仏典の成立論（「教相判釈」）を確立するとともに、「止観《しかん》」と呼ばれる瞑想法によって仏となることを説いた。この智顗の止観にかんしては、禅宗の成立にも多大な影響を与えている。

この天台の教えを日本に伝えたのが最澄であった。そこから最澄は、「伝教大師《でんぎょうだいし》」とも呼ばれている。天台宗関係の仏典は、最初、鑑真によってもたらされ、最澄はそれを見ることによって、天台の教えの重要性に気づき、それを学ぶために唐に渡ったのだった。

日本には、奈良時代に法相宗や三論宗が伝えられた後、平安時代になって天台宗が伝えられたことになるが、中国における成立は逆だった。天台宗の方が古く、法相宗や三論宗の方が新しい。つまり、奈良時代には唐で最新の仏教が伝えられていたのだが、最澄はそれよりも古い天台宗の教えに魅力を感じ、南都六宗とは異なる教えを日本に持ち帰ったのである。

そこに、歴史上の「ねじれ現象」が生じることになり、唐から帰国した最澄は南都六宗の僧侶たちと対立し、両者のあいだでは激しい論争が展開されることになる。

最澄の最大のライバルになったのが会津にいた法相宗の徳一《とくいつ》であった。最澄が、すべての人間には悟りを開いて仏となる素質があるという立場をとった（「悉有仏性《しつうぶつしょう》」と言う）のに対して、徳一は、人間にはもともと能力の違いがあり、悟れる者もいれば悟れない人間もいて、能力に応じて悟りの境地も異なっているという立場をとった。

徳一の著作は今日に伝わっていないが、最澄の著作である『守護国界章《しゅごこつかいしょう》』や『法華秀句《ほっけしゅうく》』といった著作に引用、紹介されたものを通して、その主張をうかがうことができる。この両者の論争は、「三乗一乗論争《さんじょういちじょうろんそう》（三一権実諍論《さんいちごんじつそうろん》）」と呼ばれた。

現代人の感覚からすれば、その論争にどういった意義があるかを見きわめることは難しいが、すべての人間に悟りの可能性を認めるのが大乗仏教の基本的な立場であり、最澄はその点を明確にしようとした。それは、出家して僧侶にならない在家にも悟りの可能性を認めることに結びつくわけで、日本で「在家仏教」の立場が確立される上で決定的に重要な主張だった。

最澄の主張は南都六宗の教えとは相いれないものだったため、彼は天台宗を独立させることをめざした。具体的には、天台宗独自の僧侶を生むための「大乗戒壇《だいじょうかいだん》」を比叡山に設けることの許可を朝廷から得ようとしたのだった。

平成17（2005）年の比叡山薪歌舞伎で上演された「永久の燈火」という作品では、中村鴈治郎《なかむらがんじろう》（現在の坂田藤十郎《さかたとうじゅうろう》）が最澄を演じたが、その最後は、死の直前に大乗戒壇建立の許可がもたらされる場面になっていた。だが大乗戒壇は、実際には最澄が生きているあいだは認められず、彼が56歳の生涯を閉じて8日後に許されている。

円仁をはじめとする弟子たちの奮闘

最澄が遣唐使船で唐に赴いた際、その帰国直前に、急遽、越州《えつしゅう》にむかい、そこで順暁《じゅんぎょう》から密教について学び、密教経典を日本に持ち帰っている。ただし、期間が短く急だったこともあって、十分なものをもたらすことができなかった。

そこで最澄は、同じ遣唐使船で唐に渡った空海が帰国した後、空海に教えを乞い改めて密教について学ぼうとするが、両者のあいだには齟齬《そご》が生まれ、最終的には決別する。最澄が空海のもとに送り込んだ泰範《たいはん》という弟子が空海の側に寝返ってしまったことと、再三密教関係の文献の貸し出しを最澄が求めたのに対して、密教は体得すべきものだと考える空海にそれが受け入れられなかったことが原因とされる。

しかし、最澄が密教について十分に学べなかったことが、かえって後の天台宗には幸いした。というのも、最澄の弟子たちは、その不足を補うために盛んに唐に渡り、密教の修法などを学んで密教経典とともにそれを持ち帰ったからである。

とくに功績が大きかったのが円仁《えんにん》と円珍《えんちん》であった。円仁は慈覚大師《じかくだいし》、円珍は智証大師《ちしょうだいし》という諡号《しごう》を贈られている。

円仁は、承和《じょうわ》５（８３８）年に唐に渡り、承和14年に帰国している。唐にいた期間は10

年近くに及び、それは密教をはじめとして多くのものを学ぶ上には十分な時間であった。ただし、そのあいだに「会昌《かいしょう》の廃仏《はいぶつ》」という出来事に遭遇し、還俗《げんぞく》を強いられたりと苦難にも直面した。円仁の著した『入唐求法巡礼行記《にっとうぐほうじゅんれいこうき》』は、玄奘《げんじょう》の『大唐西域記《だいとうさいいきき》』とマルコ・ポーロの『東方見聞録』に並ぶ世界三大旅行記にも数えられている。

円仁は、空海が学んだ金剛界《こんごうかい》と胎蔵界《たいぞうかい》の行法の他に、『蘇悉地経《そしつじきょう》』にもとづく蘇悉地法を学んだ。天台宗の伝統では、蘇悉地法こそが金剛界と胎蔵界の行法を統合するものであるととらえられるようになる。

さらに円仁は、唐にいたあいだに、「円教《えんぎょう》」と呼ばれる『法華経』の教えと密教の教えの価値が同一であることを確認するとともに、五台山《ごだいさん》で実践されていた密教の行としての念仏を日本にもたらした。これは、浄土教信仰を広めることに貢献し、ひいては浄土宗や浄土真宗といった宗派を生むことに結びついていくのである。

一方、円珍は空海の甥にあたる人物だが、その姿をかたどった像では、おむすび型の頭に特徴があり、親しみを感じさせる姿をしている。円珍は唐でサンスクリット語を学び、やはり密教関係の修法を取得して、密教経典を大量に日本に持ち帰ったが、その数は、当時唐に渡った僧侶のなかでもっとも多かったとされている。

ただし、円珍のもたらしたものが、延暦寺ではなく園城寺《おんじょうじ》におさめられたことで、山門派としての延暦寺と寺門派としての園城寺の対立を生むことにもつながっていく。円珍は帰国後に天台座主となるが、園城寺を賜り、そこを密教を伝える伝法灌頂《でんぼうかんじょう》の道場としたのだった。

このように、密教にかんして宗祖の最澄が十分なものを持ち帰れなかったことで、かえってその弟子たちが奮闘努力し、多くのものをもたらすことに成功した。宗祖である空海自身が、密教にかんしてかなり重要なものをもたらしてしまっていたために、真言宗には円仁や円珍のような重要な弟子があらわれなかった。真言宗では、空海の弟子としてすぐに名前があがるような著名な存在は輩出されなかった。

しかも円仁は、密教の行法の一環として念仏行を日本にもたらしている。比叡山に念仏を行じるための常行三昧堂を建てたのも円仁であった。

帰国後の円仁は、天台座主として精力的に活動し、胎蔵界と金剛界の曼荼羅《まんだら》を新たに作り、それを用いて比叡山で密教の灌頂を行った。重要なのは、天皇の病気回復のために、唐で学んだ「八字文殊法《はちじもんじゅほう》」や「七仏薬師法《しちぶつやくしほう》」を修しただけではなく、国家鎮護のために、「熾盛光法《しじょうこうほう》」という修法を宮中で営んだことである。これによって天台宗は、宮中に対しても強い影響力を発揮するようになる。次の章で述べるように、それ以前の段階で真言宗の方は、宮中に真言院を設け、玉体《ぎょくたい》（天皇の身体）安穏のために「後七日御修法《ごしちにちみしほ》」を営んでいた。

序章で説明した年分度者にかんしても、円仁が帰国するまで、天台宗に許されていた密教関係は1名だったが、帰国後は2名に増員され、それで真言宗と肩を並べた。しかも、年分度者全体では都合4名となり、真言宗の3名を上回ったのだった。

宗教的独立国として君臨した比叡山

一つ天台宗の重要性を考える上で興味深いのは、比叡山の地理的な位置関係である。

最澄は、19歳のときの延暦4（785）年、南都東大寺で僧侶になるための具足戒《ぐそくかい》を受けると、すぐに比叡山にのぼり、山林修行をはじめたとされている。なぜ最澄が比叡山を選択したのか、はっきりした理由はわかっていないが、その時点では、長岡京の建設がはじまっていて、やがて平城京から長岡京への遷都が行われている。

長岡京から平安京への遷都は延暦13年のことで、最澄の比叡山での修行はその時点で10年になろうとしていた。最澄は、自ら修行する比叡山の下に都を呼び寄せた形になった。

しかも、比叡山は平安京の鬼門の方角に位置することになり、都を守護するには絶好の空間を占めることとなった。偶然のこととは言え、比叡山が京の都を見下ろす位置にあったことで、自ずとその重要性が増したのである。

このことは、後の天台宗、あるいはその本山としての比叡山延暦寺が、中世の社会において南都北嶺として君臨する基盤を提供した。もし長岡京の時代が長く続いていたとしたら、あるいは平安京が誕生しなかったとしたら、比叡山が日本の仏教界の中心に位置することはなかったかもしれない。

最澄は、延暦寺を建立する際に、比叡山の地主《じぬし》の神である日吉《ひえ》神社の祭神を勧請《かんじょう》し、それを守護神とした、興福寺が春日大社と密接な結びつきをもったように、延暦寺は日吉神社と結びつき、その祭神は神仏習合の山王権現《さんのうごんげん》と呼ばれるようになっていく。近世に入ると、独自の神道理論として「山王一実神道《さんのういちじつしんとう》」が唱えられるようになり、そこでは、山王権現が密教の中心的な仏、大日如来であるとともに、皇室の祖神、天照大神《あまてらすおおみかみ》であると説かれた。

また比叡山が、社会的に大きな力をもつ上において、第1章でもふれたように、京の中心にある祇園社をその支配下においたことが重要な意味をもった。祇園社は、祇園祭で名高い現在の八坂神社のことである。八坂神社では、素戔嗚尊《すさのおのみこと》が祭神になっているが、もともとの祭神は神仏習合の性格が強い牛頭天王《ごずてんのう》だった。京の人々は、祇園社に疫病などの災厄を除いてくれるよう祈願した。

この祇園社は、最初、南都の興福寺の支配下におかれていたが、10世紀の終わりに、その帰属をめぐって比叡山とのあいだに争いが起こり、比叡山が勝利したことで、その支配下に入った。11世紀終わりには、鴨川の西岸の大半の地域が祇園社の境内地に組み込まれた。重要なのは、そこが他の権力が介在できない「不入の地」とされたことである。あるいは、現在の北野天満宮、当時の北野社も比叡山の勢力下に入り、これで比叡山は京の街を実質的に支配することになった。

比叡山の力が大きかったことは、院政を敷いた白河法皇による「賀茂川《かもがわ》の水、双六《すごろく》の賽《さい》、山法師。これぞ朕《ちん》が心にままならぬもの」ということばに示されている。いくら法皇が絶大な権力を有していても、たびたび氾濫をくり返した賀茂川（鴨川）や賽子《さいころ》の目のように、比叡山の僧侶たちは、彼の意に添わない行動に出て、それを統御できなかったのだ。延暦寺は、興福寺と同じように、宗教的な独立国として中世社会に君臨したのである。

日本人の無宗教標榜の根底にある『天台本覚論』

比叡山は、すでに述べたように当時日本で唯一の総合大学として、数多くの人材を輩出した。鎌倉新仏教の開祖については、この章のはじめにふれたが、その他にも、比叡山中興の祖と言われる良源《りようげん》（慈恵大師《じえだいし》、あるいは元三大師《がんざんだいし》）、融通念仏宗の祖となる良忍（聖応大師《しようおうだいし》）、歴史書として名高い『愚管抄《ぐかんしよう》』をあらわした慈円《じえん》なども、比叡山で学んだ学僧たちであった。

『往生要集《おうじようようしゆう》』をあらわした源信もその一人で、彼は円仁がもたらした念仏行を発展させた。源信は、『往生要集』のなかで、地獄の凄惨なありさまを詳細に描き出し、それによって浄土への往生を願う気持ちを喚起しただけではなく、比叡山の三塔の一つ、横川《よかわ》にある首楞厳院《しゆりようごんいん》で「二十五三昧会《にじゆうござんまいえ》」を催し、念仏を唱え続ける不断念仏を実践する集まりを作った。これは、現代で言うホスピスに相当するもので、仲間が重病に陥ったときには、その枕辺で念仏を唱え続け、その極楽往生を助けようとした。紫式部の『源氏物語』に登場する「横川の僧都《そうず》」とは、この源信がモデルになっている。

立場を異にする宗派の開祖が、次々と比叡山から輩出されたということは、そこでいかに多様な教えが説かれていたかを示している。それらとは別に、宗派という形態をとらなかったものの、日本の宗教界全体に大きな影響を与えたものとして「天台本覚論《てんだいほんがくろん》」という思想がある。

この天台本覚論が注目を集めるようになったのは、ごく最近のことだが、その核心には、自然に存在する草木でさえ成仏できるとする「草木成仏《そうもくじょうぶつ》」の考え方がある。今あげた高僧の一人、良源に仮託された『草木発心修行成仏記《そうもくほっしんしゅぎょうじょうぶつき》』という短い文章があるが、そこでは、植物が芽生え、成長し、やがては花や実をつけて枯れていくまでの過程が、仏道修行の過程と重ね合わされ、さらには草木はそのままで成仏していると説かれた。

草木成仏の思想は、すでに中国にも存在したが、日本では、あらゆるものがそのままで仏になっているとする徹底した現実肯定の思想に発展した。そのままで成仏しているなら、改めて修行などを実践する必要はないことになる。この思想の背景には、あらゆるものに霊魂が宿っているとする古代的なアニミズムの考え方がある。

本来仏教は、開祖である釈迦が家庭を捨て、世俗の生活を離れて出家したように、むしろ現実の価値を否定する「現世拒否」の姿勢を特徴としている。ところが、草木成仏の考え方に代表される天台本覚論は、現世を全面的に肯定する思想であり、その点で本来の仏教の教えとは対極に位置するものだが、日本ではむしろこちらの考え方の方が広く受け入れられたのだった。

能楽には、草や花などが主人公（シテ）になっている作品があり、そうしたもののなかには、「草木国土悉皆成仏《そうもくこくどしつかいじようぶつ》」といった文句が台詞として登場する。天台本覚論の特徴は、人間と動植物とを区別しないところにあり、それは、人と動物とのあいだを厳しく区別する一神教の世界の考え方とは相いれないものである。

ただ、あらゆるものがそのまま成仏しているということであるなら、改めて仏道修行をする必要もなければ、戒律も必要なく、さらには仏教の教えそのものさえ意味をなさないことになってしまう。それは無条件に現実を肯定することで、宗教そのものの存在意義を否定することにも結びついていく。現代の日本人が、「無宗教」を標榜する根底には、こうした天台本覚論の影響があるに違いない。

現代天台宗の著名な僧侶作家、今東光と瀬戸内寂聴

比叡山延暦寺は、多くの名僧を輩出し、多様な宗教思想を包含しながら日本仏教の中心として君臨する一方で、強力な寺社勢力として世俗の権力、具体的には朝廷や公家、中世の社会において台頭してきた武家勢力と拮抗した。

鎌倉幕府の後を継いだ室町幕府も、延暦寺を制圧しようと試み、一時はそれに成功する。根本中堂に立て籠もった僧兵たちが敗北を覚悟し、火を放って、自分たちの命を絶つといった出来事も起こった。これで、根本中堂をはじめ延暦寺の多くの建物が焼失した。

それでも延暦寺の力は衰えなかった。そのため、天下統一をはかる織田信長は延暦寺と対峙し、元亀《げんき》2(1571)年には、比叡山全山を焼き討ちにしている。ただし、最近の研究では、焼き討ちは根本中堂など一部にとどまっていたという説も提出されている。

しかし、こうした出来事によって延暦寺が大きな打撃を受けたことは事実で、信長の後を継いだ豊臣秀吉の刀狩りによって、僧兵は武力を奪われた。秀吉や、徳川幕府を開いた徳川家康は延暦寺の復興に力を入れるが、それは、延暦寺がかつての独立性を失い、世俗権力の支配下に組み込まれることを意味した。江戸時代の延暦寺では、十二年籠山《ろうざん》の制度をはじめ、戒律や教学の復興が進められていく。

江戸時代初期に天台宗の僧侶として重要な働きをしたのが天海《てんかい》である。天海は、家康に仕え、その宗教的なアドバイザーとしての役割を果たすことになるが、家康の死後には、山王一実神道の思想にもとづいて家康を「東照大権現《とうしょうだいごんげん》」として祀ることを主張し、その遺体を当初葬られていた駿河の久能山《くのうざん》から日光山に改葬した。これによって日光東照宮が誕生することになるが、天海は、江戸城の鬼門となる位置に寛永寺《かんえいじ》の創建も行っている。これによって寛永寺を中心とする天台宗は江戸で大きな力をもち、天台宗の拠点も延暦寺から寛永寺に移っていった。

明治に入ると、神仏分離によって延暦寺も日吉神社と切り離され、打撃を受けることになるが、興福寺のように境内地が奪われ、廃寺同然になることは免れた。

戦後の比叡山は、大講堂などが焼失するという事態にも遭遇するが、昭和62（1987）年には、比叡山開創1200年を記念して、当時の天台座主山田恵諦《やまだえたい》の呼びかけで、世界の宗教家が一堂に会する「比叡山宗教者サミット」が開催されている。また、平成6（1994）年には、「古都京都の文化財」として世界遺産にも指定されている。

現代における天台宗の著名な僧侶としては、今東光《こんとうこう》と瀬戸内寂聴《せとうちじゃくちょう》があげられる。ともに小説家としても活躍したが、今は金堂で名高い中尊寺の貫主《かんじゅ》となり、参議院議員をつとめたこともあった。瀬戸内は、今を師僧として出家、得度している。瀬戸内の『比叡』という小説は、比叡山での修行の体験をもとにしており、そこでどういった修行が行われるかを知ることができる作品になっている。

第3章 謎多き密教のスーパースター 空海の真言宗

今も高野山奥の院に生きる空海

真言宗の総本山である金剛峯寺《こんごうぶじ》のある高野山を訪れるには、南海電鉄の高野線で極楽橋《ごくらくばし》まで行き、そこからケーブルカーでのぼることになる。大阪の繁華街なんばを出発した電車は、特急列車であれば、かなりのスピードで大阪の南部を駆け抜け、和歌山へと入っていく。だが、極楽橋が近づくにつれて、そのスピードは落ち、山あいをのろのろと進んでいく。その時点ではすでに特急電車の趣はない。

スピードが落ちるにつれて、時間を遡っているかのような錯覚に陥る。はるか昔の山岳鉄道に乗っているような気分に襲われるからだ。そして、乗客は、自分が日常の世界とは異なる場所へ近づきつつあるという感覚をもつようになる。極楽橋から急傾斜をのぼっていくケーブルカーは、さらにその感を強くさせる。

ところが、ケーブルカーの終点である高野山駅におり、そこからバスで金剛峯寺のある中心部に向かうと、急に現実に引き戻される。

高野山の上に展開しているのは、平凡な田舎町だからである。たしかに、金剛峯寺をはじめ、宿坊でもある子院が多く建ち並んでいるが、町中には、食堂や商店、さらには飲み屋まで存在している。とても霊山とは思えない。そう感じる人間も少なくない。

それでも、ある種霊的なものを感じさせるのが、高野山を開いた弘法大師《こうぼうだいし》空海が葬られている奥之院である。奥之院には「入定伝説《にゅうじょうでんせつ》」があり、空海は亡くなったのではなく、「即身成仏《そくしんじょうぶつ》」したと信じられている。つまりは今も生きているのだ。そのため、高野山の僧侶は一日に3度、奥之院に食事を運んでいる。弘法大師に食べてもらうためである。

その奥之院へ至る参道には、おびただしい数の墓が建ち並んでいる。その数は20万基を超えるとも言われる。それぞれの墓は立派なものが多い。なにしろ、皇室や公家、大名家の墓所だからである。最近のものとしては、企業の供養塔や慰霊碑も数多く見かける。そうした墓には名刺入れが備えられている。誰が参ってくれたか、企業の側が確認するためだ。

奥之院とそこへ至る参道からは厳粛な雰囲気が漂っている。ただしそれは、墓所が建ち並んでいるということにもとづくもので、真言宗の教えの中核にある密教の信仰とは必ずしも結びつかない。ここでも、はじめて高野山を訪れた人間は、少し違和感をもつことになるかもしれない。

しかし、こうした高野山のありようは、どれもその本質を示していると言える。高野山は真言密教の道場であるとともに、世俗の生活を含み込んだ町（かつては都市と言えるほどの広がりをもっていた）であり、人々がこぞって墓所を設けようとする浄土に近い場所だからである。

謎の多い空海の生涯

真言宗と言えば、なんと言っても宗祖である空海の存在が際立っている。

第2章でも述べたように、同時代に、同じように新しい宗派を開いた最澄が個人としてはさほど着目されないのに対して、空海は日本仏教界の一大カリスマとして注目度も高い。また、弘法大師として庶民にまで親しまれてきた。大師号を与えられた高僧は数多くいて、最澄も「伝教大師」という諡号を贈られているものの、「お大師さま」と言えば、もっぱら弘法大師空海のことをさす。

ただ、空海の存在感があまりにも強いために、空海の後を継いだ真言宗の僧侶の名前を思い浮かべようとしても、なかなかその名をあげることができない。平安時代後期に活躍し、真言宗中興の祖とされる興教大師覚鑁《こうぎょうだいしかくばん》の名前があがるくらいだが、覚鑁の存在は一般にはほとんど知られていない。

それも、空海があまりにも華々しい活躍をしたからにほかならない。ただ、空海の生涯にかんしては、謎の部分も多い。実像が不確かな分、かなり伝説化されているのだ。

一般に、空海の出生と青年期は、その伝記類において、次のようなものであったと説明されている。

空海は、奈良時代末期に四国の讃岐《さぬき》（現在の香川県）で生まれ、15歳で母方の叔父にあたる阿刀大足《あとのおおたり》について『論語』などの儒教を学んだ。さらに、京の都に出て大学寮に入学し、官僚の道を歩みはじめたものの、世俗の世界で出世していくことに疑問を感じ、四国に戻って、山中で山岳修行を行う。

そのなかで、ある僧侶から密教の修行法である「虚空蔵求聞持法《こくうぞうぐもんじほう》」を伝授され、土佐（現在の高知県）の室戸岬の洞窟にこもって、その修行を実践していたところ、口のなかに、虚空蔵菩薩《ぼさつ》の化身となる明星《みょうじょう》が飛び込んできて、それで悟りを開いた。

一方で、24歳のときには、儒教と道教、そして仏教の3つの教えを比較し、その上で仏教が優位であることを論証した『聾瞽指帰《ろうこしいき》』という書物をあらわし、仏教の道を志すことを宣言した。

山岳修行を行っていた空海が、悟りを開いた後に、若くして『聾瞽指帰』のような理論的な書物を書き上げたことから、「たたき上げのエリート」というイメージがつきまとっている。

それは、最澄との対比からも言われることである。最澄の方は、19歳のときに東大寺で具足戒を受けて正式な僧侶となり、唐に渡るに際しては、国費によって賄われる短期の還《げん》学生《がくしょう》に選ばれた。その点で、最澄はトップエリートである。

ところが、空海の方は、唐に渡るまで何をしていたかまったくわからず、いつどこで出家得度したかも判明していない。唐に渡る際にも私費で、20年の滞在を義務づけられる留学僧にすぎなかったというのである。

しかし、こうした空海の人物像や生涯に対するとらえ方には大きな問題がある。

まず、若き日の空海が、山岳修行を行ったという話は、『三教指帰《さんごうしいき》』の序文に出てくるもので、空海自身が記している以上事実だとされている。実はこの『三教指帰』は、『聾瞽指帰』を書き改めたもので、2つの文書において序文だけがまったく内容が異なっている。先行する『聾瞽指帰』の序文には、山岳修行の話も、虚空蔵求聞持法の話もまったく出てこない。

『聾瞽指帰』のなかには、仏教の立場を代表する存在として仮名乞児《かめいこつじ》が登場し、大いに活躍するが、その主張のなかで、「五戒《ごかい》」や「八正道《はっしょうどう》」といった初期仏教からの基本的な教えについてはふれられているが、密教とかかわるような事柄はまったく出てこない。

実は空海は、第1章でふれた三論宗の年分度者として出家得度したのではないかという説があり、これはそれと符合する。現在の一般的な理解では、空海は最初から密教を学ぶことを目的として唐に渡ったと考えられているが、その証拠はない。実際には、唐に渡ってから密教の重要性に気づき、幸い恵果《けいか》という格好の師を得ることで、密教を日本に伝えることに成功したのではないだろうか。

もしそうなら、『三教指帰』の序文の方は、空海の死後に書き換えられた可能性が浮上してくる。その内容は、修験道などの山岳修行者には自分たちの実践が空海に遡ることを示すもので都合がいい。逆に言えば、修験者の立場を正当化するために書き換えがなされたのではないかと思われるのである。

また、空海が儒教を学んだ叔父の阿刀大足は、桓武《かんむ》天皇の第三皇子であった伊予親王《いよしんのう》に学問を教えていた。そこに示されているように、阿刀大足は相当の学者だったことになる。

空海が都にいた阿刀大足に学び、なおかつ官僚を養成するための大学寮に入ったということからすると、空海は讃岐に生まれ育ったのではなく、京で生まれ育った可能性さえ出てくる。そうなると、四国で山岳修行をしたということも疑わしくなってくる。

『聾瞽指帰』については、空海自筆のものが残されていて、それは現在国宝にも指定されている。戯曲風の構成である上に、中国六朝《りくちょう》時代の四六駢儷体《しろくべんれいたい》が用いられている。行書を基本にところどころに草書を交えた書法は、中国の書聖王羲之《しょせいおうぎし》を模範としたものである。王羲之の書法を基本にしているということは、若き日の空海は、王羲之の書（ただし真筆は現存せず、複写か模刻）を目の当たりにして、その書法を学ぶことができたことを意味する。それは、四国の山岳修行者には到底かなわないことである。むしろ都にいてこそ可能だったはずである。誰もが操れるわけではない四六駢儷体を駆使できたことを含め、空海がエリート中のエリートであったととらえた方が首尾一貫している。

最澄と空海、どちらがエリートか？

最澄との対比にしても、空海が私費で唐に渡れたということは、それだけの財力があったことを意味する。留学僧よりも還学生の方が偉いという考え方は、あるいは近代に入って生まれた国費留学生をエリートとしてとらえる見方が過去に投影されたものではないだろうか。

最澄が生粋のエリートで、空海がたたき上げだという対比の仕方はかなり怪しい。むしろ私たちは、空海の方が最澄をはるかに凌ぐエリートであったと考え、それを前提に、その後の空海の歩みや最澄との関係を考えていくべきではないだろうか。

空海は、延暦23（804）年に、最澄と同じときの遣唐使船に乗って唐に渡っている。このときも空海は、大使と同じ第1船に乗っている。最澄は第2船である。

最澄が中国天台宗の中心である天台山に赴いたのに対して、空海は遣唐大使の一行とともに唐の都、長安にむかい、真言密教の第一人者である青龍寺《せいりゅうじ》の恵果と奇跡的な出会いを果たす。すでに老年に達し、重い病にかかっていた恵果は、空海を一目見て、笑みを浮かべて喜び、「我、先より汝が来ることを知りて、相待つこと久し。今日相見ること大いに好し、大いに好し。報命竭《つ》きなんと欲するに付法に人なし。必ず須《すべから》く速やかに香花を弁じて、灌頂壇に入るべし」（『請来目録《しょうらいもくろく》』）と述べたとされる。

法を伝えるに値する人間が周囲にいなかったので、恵果は空海があらわれるのを待ち望んでいたというのである。空海は、この恵果から胎蔵界と金剛界の灌頂を受け、さらには伝法灌頂を受けて、阿闍梨《あじゃり》の位を授けられる。あわせて密教関係の経典や仏像、法具などを調達し、それを日本にもたらすことに成功する。すでに日本には、奈良時代から密教の経典が伝えられ、密教関係の仏像も制作されていたが、空海の手によって初めて密教は体系化された形で日本に伝えられることとなった。

『請来目録』は、空海自身が帰国後に記したもので、そこで述べられている恵果との出会いが、その通りであるなら、実に感動的なことである。また、空海が選ばれた特別な人間であることを示している。

だが、中国側の資料である『恵果大徳行状』においては、「日本国の僧空海、勅を奉じて摩衲（袈裟のこと）及び国の信物五百余貫文を将って和上（恵果のこと）に奏上す」と記されている。空海は、天皇の書状を携えていた上に、多くの金銭を用意していたというのだ。

ここで言う天皇とは桓武天皇のことをさす。後年空海は、唐に渡ることができたのは、桓武天皇の恩によるものだと記している。空海は桓武天皇から大いに期待され、そのバックアップのもとに唐に渡ったことになる。これも、空海が最澄以上のエリートであったことを証明するものだが、真言宗では、『恵果大徳行状』についてはほとんど言及されない（藤井淳『空海の思想的展開の研究』トランスビュー）。

金銭を献上したというのでは、教えを金で買ったかのような印象を与えるからかもしれないが、経典を書写したり、曼荼羅を制作するには多額の費用がかかる。いくら教えを広めるためとはいえ、それを伝える側がすべて負担するわけにはいかない。空海は、それだけの準備をして唐に渡ったということにもなってくる。

帰国後の空海は、すぐには都には上らず、2年のあいだ九州太宰府の観世音寺《かんぜおんじ》にとどまった。それは、20年と定められた留学期間を守らず、それを勝手に切り上げ短期で帰国したせいだとも言われる。大同《だいどう》4（809）年に桓武天皇を継いだ平城《へいぜい》天皇に代わって嵯峨《さが》天皇が即位すると、空海は都に上って、高雄山寺《たかおさんじ》（現在の神護寺《じんごじ》）を拠点に精力的に活動を展開し、真言密教の信仰を広めていく。

第2章では、最澄が密教の教えを空海から学ぼうと試みたものの、最後に両者が決別したことにふれた。空海は最澄よりも年下で、それでも最澄が空海を密教の師と仰いだのは、やはり空海の方が格が上だったからではないだろうか。

空海がもたらした密教の教えは、中国で最新の仏教であり、それまで日本に伝えられていたものとは性格を異にしていた。何より重要な点は、たんに教えの体系であるばかりではなく、実践を伴い、現実的な効力を発揮したことにある。密教の修法は、それを実践することによって現実を変容させ、絶大な利益《りやく》をもたらすものであると考えられた。

空海から密教の教えを学ぼうとしたのは、最澄だけではない。弘仁《こうにん》3（812）年に、空海は高雄山寺において金剛界の結縁灌頂《けちえんかんじょう》を行っており、そのときに灌頂を受けた人間の記録が残されている。それは空海自筆のメモ書きのようなものだが、筆頭に最澄の名前がある他、興福寺、元興寺、西大寺、東大寺、大安寺といった南都六宗の大寺に属する僧侶たちの名前があがっている。さらに密教への関心は、僧侶たちにとどまらず、天皇や貴族たちにも及んだ。

空海一代で宗派として完成を見た真言宗

その後空海は、嵯峨天皇とも親交を深めるが、それは、嵯峨天皇自身が空海と並んで書の巧みな「三筆《さんぴつ》」に数えられ、空海の書に興味をもったからだとされている。だが、空海の教養の深さが、両者の親密な交流を可能にしたように思われる。

弘仁7（816）年、空海はその嵯峨天皇から真言密教の道場として高野山を賜る。さらに弘仁14年には、京の都に2つしかなかった官寺のうち、東寺（教王護国寺）を賜っている。高野山は都から遠いが、東寺という都のなかの拠点を得たことで、空海の影響力は増していく。

空海が亡くなる前の年の承和元（834）年暮れには、宮中において真言院を設け、天皇の玉体安穏《ぎょくたいあんのん》のために営まれる「後七日御修法《ごしちにちみしほ》」を執り行う許可を、嵯峨天皇の後を継いだ淳和《じゅんな》天皇から得ている。

宮中では、正月の第1週に恒例の節会《せちえ》が営まれるが、後七日御修法は、それに続いて第2週に営まれるものである。その際、真言院の内部の壁には胎蔵界と金剛界の曼荼羅が掲げられ、その前に護摩壇が設けられる。あわせて五大明王《ごだいみょうおう》の壇も設けられる。

勅許《ちょっきょ》を得た年明けに最初の修法が営まれたが、そのときには空海自らが導師をつとめたとされる。僧侶たちは、7日間にわたって真言を唱え、鎮護国家、五穀豊穣《ごこくほうじょう》、そして玉体安穏を祈願した。最後の段階では、天皇に対して直接加持祈禱《かじきとう》が行われた。

後には、天台宗に対しても、同様に宮中で熾盛光法という修法を営むことが許されるようになるが、それは円仁の帰国を待たなければならなかった。真言宗は、それに先んじて、国家を護持する仏法の実践者としての地位を獲得した。それは、日本の仏教界の頂点に君臨したことを意味する。空海自身は、その直後の3月21日に亡くなっている。

空海一代のあいだに、真言宗は宮中に足場を築くという重要な功績をあげることに成功する。しかも、空海は、すでに密教を実践する上で十分なものを唐から日本にもたらしていた。その証に空海は、大日如来を教主として、金剛薩埵《こんごうさった》、龍樹、龍智《りゅうち》、金剛智《こんごうち》、不空《ふくう》、そして恵果を経て空海に至る「真言八祖《しんごんはちそ》」の系譜を定め、自らが真言密教の正統的な継承者であることを示した。

このように見ていくと、真言宗は、空海が亡くなる時点において、宗派としては完成の域に達していたと見ることができる。少なくとも、空海がめざしていたことはすべて達成されている。第2章でもふれたように、空海の後の真言宗において優れた弟子が輩出されなかったのも、それが関連するだろう。

ここまでが空海の実像ということになるが、一方で、空海の死後には、その虚像の部分がふくらんでいく。それが弘法大師信仰である。八十八カ所の観音霊場《かんのんれいじょう》をめぐる四国遍路においては、弘法大師がお遍路につねに寄り添っているという「同行二人《どうぎょうににん》」の信仰も生まれた。日本全国には、空海が開いたとされる寺や、そこを訪れて何らかの奇跡を起こしたとされる場所が数多く存在している。

空海が劇的な生涯を送り、また、弘法大師として神格化されたことで、空海に対する関心は自ずと高まっていった。小説に描かれることもあれば、映画が制作されたこともあった。空海に関係する展覧会は注目の的だし、近年では、その生涯や事績がテレビの番組として取り上げられることが増えている。歴史上の人物のなかでも、空海のカリスマ性は群を抜いているのである。

空海没後、江戸時代までの高野山

空海没後の高野山にかんして言えば、最初、その経営は必ずしも順調には進まなかった。空海が亡くなった直後には、経済的にも苦しい時代が続いたし、もう一つの真言宗の拠点、東寺との確執もあった。

そのなかで、その後の高野山の発展の礎を築いたのが、東寺長者と金剛峯寺座主を兼務した観賢《かんげん》であった。観賢は、空海に大師号を賜るよう朝廷に願い出て、それを許されただけではなく、それを報告するために奥之院の廟窟《びょうくつ》に入り、そこで入定した空海の姿を拝したとしたことから、弘法大師入定伝説のきっかけを作ることになる。

このことの意味は大きい。というのも、それまでの空海は、いくら比類のない業績をあげ、真言宗の基礎を固めることに貢献したとは言え、その存在自体が信仰対象になっていたわけではなかったからである。

ところが、即身成仏し、奥之院に今でも生き続けているという伝説が生まれることで、弘法大師として信仰の対象になっていった。これで空海は「生き仏」になったのである。

その後の高野山には、密教だけではなく、浄土教信仰や法華信仰などさまざまな信仰をもつ人々がかかわるようになっていく。そして、高野山を浄土としてとらえる「高野浄土信仰」が広まっていく。それが、やがては奥之院の参道に数多くの墓所が作られる原因になっていく。

治安3（1023）年には、藤原道長《ふじわらみちなが》が高野山に参詣している。晩年の道長は、末法思想《まっぽうしそう》が広がりを見せるなかで仏教に対する信仰を深めていった。興味深いのは、その際に道長が園城寺の天台僧を伴っていたことである。奥之院の弘法大師廟の前では、天台僧による法華八講《ほっけはっこう》と高野山の僧侶による理趣三昧法要《りしゅざんまいほうよう》が営まれた。法華八講は、『法華経』を読誦する法会であり、併せて、道長自筆の『金泥法華経』と『般若理趣経《はんにやりしゆきよう》』がそこに埋経されている。

その後も、藤原摂関家の人々や上皇などが高野山に参詣した折には、天台僧を伴ったという。天台宗の法華信仰と真言宗の密教信仰とが、高野山において共存する形になったのである。

道長は、高野山に参詣した折に荘園を寄進しており、それはその後に参詣した皇族や貴族にも受け継がれていく。その結果、高野山は、興福寺や延暦寺と同様に、膨大な荘園を抱え、寺社勢力の一つとしてその権勢を誇るようになっていく。その時代に、高野山は都市としての性格をもつようになり、それが今日の高野の町の風景に受け継がれているわけである。

もう一つ、同じ真言宗の寺院として強い力をもつようになったのが、高野山と同じく和歌山にある根来寺《ねごろじ》である。根来寺の創建は、この章の最初にもふれた覚鑁で、現在では新義真言宗の総本山となっている。

覚鑁は、平安時代後期に高野山の座主となり、空海の信仰を復興することにつとめたものの、反対勢力によって住んでいた房を焼き討ちされたため、高野山を下り、根来寺の基礎を築いた。

根来寺が大きく発展するのは室町時代に入ってからのことで、最盛期には500以上の子院が建ち並び、一大宗教都市を形成した。そこには、数多くの学僧とともに、「根来衆」と呼ばれる僧兵たちからなる武装集団も形成された。その数は1万人とも言われる。

根来衆は、とくに鉄砲隊で知られ、根来寺は鉄砲の一大生産地でもあった。根来寺は、その兵力によって戦国大名と拮抗したが、天正13（1585）年には、天下統一を進める豊臣秀吉の手によって焼き討ちにされる。一方、高野山の方は、木食上人応其《もくじきしょうにんおうご》が秀吉と交渉し、多くの寺領を譲り渡すことで和議を結んだ結果、焼き討ちを免れた。

徳川時代には、高野山は幕府の管理下におかれ、大規模な子院の門主には大名と同様に参勤交代が課せられたりした。ただし、徳川家が子院の一つを菩提寺にしたことから、各大名がそれにならった。奥之院に大名家の墓所が建てられるようになるのも、それからのことである。

近代に入ると、高野山も、神仏分離と廃仏毀釈によって大きな打撃を受け、寺領を失ったり、子院が廃寺になったりした。また、宮中の真言院は廃止され、後七日御修法は東寺で執り行われるようになる。

それでも、高野山は真言密教の修行道場として生き延び、真言宗の僧侶を養成する役割を担っている。また、最近ではパワー・スポットがブームになるなかで、高野山もその一つとして改めて注目を集めるようになっている。空海や真言宗関係の展覧会も人気を集めているが、比叡山とは異なり、戦国時代に焼き討ちを免れたことが幸いしている。比叡山では、それで多くの宝物が失われたが、高野山には残ったからである。

天台宗の3倍の信徒数を誇る

歴史を経るなかで、真言宗はいくつもの派に分かれていくが、そのなかでもっとも勢力が大きいのが、金剛峯寺を本山とする高野山真言宗である。高野山真言宗は、3572カ寺を抱え、その信者数は410万600人にも及んでいる。少し前は500万人をはるかに超えていた。これが派としての退潮を意味するのか、数字を実情にあわせただけなのかはわからないが、それでも日本有数の大宗派であることは間違いない。宗派としては、全体の第4位である。

他に、真言系の有力な派としては、奈良の長谷寺を本山とする豊山派《ぶざんは》と京都の智積院《ちしやくいん》を本山とする智山派《ちざんは》がある。豊山派は2635カ寺で120万9366人であり、智山派は2901カ寺で29万9489人である。

一つ大きな問題は、智山派の信者数である。これは、すでに述べたように文化庁が刊行している『宗教年鑑』平成21年版によるものである。ところが、その平成20年版では、151万2500人となっていた。智山派の信者数は、これまでずっと150万人程度の水準を維持していた。それが、平成19年版では27万1149人と激減しているのだ。

これは、その上の欄にある真言宗善通寺派の数と同じで、誤記に違いない。平成21年版の数字は、そうしたものではないが、あまりに少ない。信者数を寺の数で割ると、一カ寺あたりの信者数が出るが、103人となり、檀家の軒数が30軒程度になってしまうからである。151万とすれば521人となり、一カ寺あたり200軒程度の檀家を抱えていることになる。したがって、智山派の信者数は151万人と考えた方がいいだろう。

真言系の教団全体だと、1万2521カ寺で932万6558人にのぼる（智山派を151万人とすれば、1000万人を超える）。このなかには、通常は新宗教に分類される真如苑《しんにょえん》なども含まれる。前の章で取り上げた天台系が4524カ寺で312万1730人だから、真言宗系は天台宗系のおよそ3倍の規模に達していることになる。

これは天台宗についても共通して言えるが、真言宗は、その傘下に修験者、山伏を数多く抱えている。山伏が実践する修験道は、土着の神道と外来の仏教、とくに密教が習合することによって生まれた民間信仰である。修験者は、第1章でも述べたように、中世以降は天台宗系の本山派と真言宗系の当山派に分かれた。その当山派の中心となるのが京都の醍醐寺三宝院《だいごじさんぼういん》で、そこは真言宗醍醐派の本山である。

他に、真言系の主な派としては、仁和寺《にんなじ》を本山とする真言宗御室《おむろ》派、大覚寺《だいかくじ》の真言宗大覚寺派、東寺の東寺真言宗、勧修寺《かんじゅじ》の真言宗山階《やましな》派、泉涌寺《せんにゅうじ》の真言宗泉涌寺派などがある。

いずれの本山も京都にある。こうした派は、高野山真言宗や醍醐派を含めて、「古義《こぎ》真言宗」に分類される。

一方で、智山派や豊山派は「新義真言宗」に分類される。この新義真言宗を開いたのが、最初にもふれた覚鑁になるわけだが、それは、高野山を中心とした金剛峯寺方（本寺方）と、覚鑁の流れをくみ和歌山の根来寺を中心とした大伝法院方という2つの流れが長年対立し、それが古義と新義に分かれたものである。

古義と新義とでは、教義の面で違いがあるとされるが、真言宗自体、必ずしも教義が中心になってはいないので、両者に根本的な違いがあるとは思えない。ただ、真言宗の僧侶に聞いたところによれば、古義と新義では、護摩を焚く修法に費やされる時間が異なっていて、新義は古義に比べてかなり短いという。それは、修法のやり方そのものが違うということを意味する。

地域的にも、豊山派は関東地方に所属する寺院が多い。智山派も、成田山新勝寺《しんしょうじ》、川崎大師、高尾山薬王院《やくおういん》、高幡不動《たかはたふどう》などの有力寺院は関東に集中している。大学にしても、東京巣鴨の大正大学の経営に加わっているのは智山派と豊山派だけで、古義の方はかかわっていない。古義と新義は地域的に対立している。

第4章 元祖・念仏信仰、浄土宗

鎌倉新仏教の先駆けとなった

平成23（2011）年は、浄土宗の宗祖である法然の800年遠忌《おんき》にあたった。法然は、平安時代末期の長承《ちょうしょう》2（1133）年に生まれ、建暦《けんりゃく》2（1212）年に亡くなっている。浄土宗に限らず、各宗派では、宗祖の遠忌を50年ごとに行うのが習わしになっている。

これまでにない特徴は、法然の弟子の一人である浄土真宗の宗祖、親鸞の750年遠忌と重なるため、2つの宗派が協力して事業を進めたことにある。前進座が制作した舞台『法然と親鸞』では2つの宗派が後援していた。また、東京国立博物館では、『法然と親鸞ゆかりの名宝』展が両宗派の各寺院の協力のもとに開催された。

法然単独の催しものとしては、京都国立博物館での『法然　生涯と美術』展や、京都南座での歌舞伎の公演『墨染念仏聖《すみぞめのねんぶつひじり》　法然上人譚《ほうねんしょうにんものがたり》』があった。法然は坂田藤十郎がつとめたが、法然の生涯が歌舞伎として演じられたのははじめてのことだったのではないだろうか。

ただし、同じ浄土教信仰を広めたとは言え、親鸞に比較すると法然に対する注目度は低い。法然が親鸞の師にあたるにもかかわらず、である。それも、法然の生涯が親鸞に比べて劇的な要素に乏しいからである。実際には次の章で述べるように、親鸞の人生もそれほど劇的なものではない可能性があるか、一般にはそう理解されている。だが、法然が活躍していた時代には、その名声は相当に高く、弟子の数も多かった。しかも法然に帰依する者は庶民から貴族や武家にまで及んでいた。

摂政関白の九条兼実《くじょうかねざね》などは法然に厚く帰依し、その庇護者として重要な役割を果たした。源平の戦いで活躍した熊谷直実《くまがいなおざね》も法然に弟子入りして出家している。直実は『平家物語』にも登場するし、歌舞伎の『熊谷陣屋』では主人公である。

鎌倉時代に生まれた仏教の新宗派は、「鎌倉新仏教」と呼ばれるが、法然の浄土宗は、その先駆けであり、法然が日本の仏教史において果たした役割は大きい。しかも、浄土宗は現在、曹洞宗、浄土真宗本願寺派（西本願寺）に次ぐ、仏教宗派としては第3位の規模を誇っている。屈指の大教団であることは間違いない。浄土宗は、6920カ寺で信者数は602万1900人となっているし、西山《せいざん》浄土宗は15万2200人、浄土宗西山深草《ふかくさ》派は8万2110人の信徒を抱えている。

ところが、宗派としての浄土宗ということになると、ほとんど関心が向けられることがない。宗祖の生涯に劇的な要素が欠けていることの反映なのか、浄土宗の歴史においてはやはり、注目すべき出来事に乏しいのである。浄土真宗なら「一向一揆」のことがすぐに頭に浮かぶが、浄土宗にはそれもない。

しかも、法然の後に続く浄土宗の僧侶ということになると、誰もが名前を知っているような人物をあげることが難しい。それは、すでに述べた真言宗の場合とも似ている。あえて名前をあげれば、平成20（２００８）年に亡くなった寺内大吉《てらうちだいきち》（本名は成田有恒《なりたゆうこう》）くらいだろうか。寺内は浄土宗の宗務総長を10年にわたってつとめ、最後は浄土宗の大本山、増上寺の第87代法主《ほっす》にまでのぼりつめた。ただし、寺内は浄土宗の僧侶としてよりも、むしろ作家として、あるいはキックボクシングや競輪のテレビ解説者としての方がよく知られていた。

法然と浄土宗は、日本の仏教の歴史のなかで極めて重要な存在でありながら、注目度が低く、宗派としての歴史はほとんど知られていない。ある意味、そこにこそ浄土宗の一番の特徴があらわれているとも言えるのだ。

念仏信仰と法然

法然をはじめとする鎌倉新仏教の宗祖たちは皆、第2章でもふれたように、天台宗の総本山、比叡山延暦寺で学んでおり、当初は天台僧として出発した。宗祖たちは、それぞれどこかの時点で比叡山を下り、そこから独自の活動を展開し、やがては新たな宗派を開くことになる。ただし、それぞれの宗派が教団としての確固としたまとまりをもつようになるのは、むしろ室町時代以降のことである。その点では、鎌倉新仏教というくくり方には問題がある。

それでも、鎌倉新仏教という言い方がかなり定着しているので、本書でもそれを使うことにする。南都六宗や平安時代に誕生した天台宗や真言宗との大きな違いは、そうした宗派ではさまざまな教えを併行して学ぶ「兼学」が基本であったのに対して、鎌倉新仏教の諸宗派では、宗派に独自の信仰を深め、固有の宗教的実践を営んでいったことにあった。浄土宗と浄土真宗なら浄土教信仰、曹洞宗と臨済宗なら禅、日蓮宗なら法華信仰がもっぱらその基盤になっていた。

法然は、美作国久米南条稲岡庄《みまさかのくにくめなんじょういなおかのしょう》（現在の岡山県久米郡久米南町）に勢至丸《せいしまる》として生まれる。父親はその地で凶徒を鎮圧する役割を負っていた押領使《おうりようし》の漆間時国《うるまときくに》であった。押領使はその役割からして危険な仕事だが、実際、時国は勢至丸が9歳のときに夜襲を受けて命を落としている。

勢至丸は、父親の遺言で仇討ちを断念したとされる。父親を亡くすことは生活基盤を失うことを意味するわけで、そうした境遇の子どもは当時、出家して寺で養ってもらうしかなかった。幸い叔父に延暦寺や興福寺で学んだことのある観覚《かんがく》という僧侶がいた。勢至丸は、その観覚の勧めで比叡山にのぼり、北谷の源光《げんこう》や西谷の皇円《こうえん》に学び、15歳で出家得度して天台宗の正式な僧侶となる。

しかし、当時の仏教の世界では、貴族の名門の出身でなければ出世がかなわず、実際、天台宗の頂点に立つ天台座主は貴族出身者によって占められていた。勢至丸の父は地方豪族にしかすぎない。しかも、その父はすでに亡く、強い後ろ盾もなかった。勢至丸が比叡山で出世することは難しい状況にあった。

そうしたこともあって、勢至丸は比叡山の3つある区域の一つ、西塔の黒谷別所《くろだにべっしょ》に移る。そして叡空《えいくう》の弟子になり、法然という房号を与えられることになるが、これが法然の生涯において重要な転機となる。叡空は、法然に対して、法華信仰や密教だけではなく、浄土教信仰を教えたからである。

黒谷別所では、「二十五三昧会」という念仏結社があり、毎月念仏を行っていた。この結社は、『往生要集』をあらわした恵心僧都《えしんそうず》・源信や『日本往生極楽記』の撰者であった慶滋保胤《よししげのやすたね》などがはじめたもので、集まって念仏を唱えることによって極楽往生を果たすことを目的としていた。

念仏は、天台座主ともなる円仁が唐から伝えたもので、それは中国天台宗を開いた天台大師智顗に遡る。智顗は、「常行三昧」と呼ばれる行を開拓するが、それは、常行堂と呼ばれる建物に安置された阿弥陀仏の周囲を90日間歩き続けながら念仏を唱える過酷な行であった。そこから昼夜を問わずひたすら念仏を唱え続ける「不断念仏《ふだんねんぶつ》」という行が生まれた。

空也と源信の念仏信仰

こうした念仏行を最初一般の庶民に伝えたのが、延喜《えんぎ》3（903）年に生まれたとされる空也《くうや》であった。空也は正式な僧侶ではない私度僧として出発し、平将門《たいらのまさかど》や藤原純友《ふじわらのすみとも》の乱、あるいは天変地異で乱れていた京の都で念仏を勧め、「市聖《いちのひじり》」、あるいは「阿弥陀聖《あみだひじり》」と呼ばれた。

空也は、勧進を行って都の各地に「阿弥陀池」と呼ばれる井戸を掘るなどの活動も行ったため、46歳のときには当時の天台座主延昌《えんしょう》の推薦で正式に出家得度する。それによって空也の活動の幅は広がっていく。空也が開いた六波羅蜜寺《ろくはらみつじ》（当初は西光寺）には、念仏を唱える口から六体の小さな阿弥陀仏があらわれている有名な空也上人像がある。

一方、比叡山において念仏信仰を確立していったのが、二十五三昧会をはじめた源信である。源信が『往生要集』をあらわしたのは、空也が亡くなって13年後のことになる。この書物は浄土教信仰を広め、定着させていく上で決定的な役割を果たす。

源信は、そのなかで地獄のありさまを凄惨なものとして描き出した。それは、地獄の恐ろしさを強く印象づけることで、極楽往生への信仰を喚起するためだった。この『往生要集』に刺激を受けて、やがて各種の地獄絵が描かれるようになり、それは民衆を教化するための「絵解き」に用いられた。

平安時代末期は、仏教の信仰が衰えるとする「末法思想」が流行した時代で、浄土教信仰はそれを背景に広がりを見せていく。日本では、永承《えいしょう》7（1052）年に末法に入ったと考えられるようになるが、その年には、藤原道長の子頼道《よりみち》が、宇治に平等院鳳凰堂を建立している。そこには、今日まで受け継がれているように、定朝《じょうちょう》作の阿弥陀仏を安置した堂宇を中心に浄土式庭園が造られた。それは、地上に極楽を出現させる試みだった。

50代になってから頭角をあらわした法然

法然も、源信の『往生要集』から強い影響を受けている。その伝記である『一期物語』には、「『往生要集』を先達として浄土門に入るなり」という法然のことばが残されている。その『往生要集』を法然に講義したのが師の叡空である。また法然は叡空の導きによって、中国で浄土教信仰を大成した善導《ぜんどう》が『観無量寿経《かんむりょうじゅきょう》』に注釈を加えた『観無量寿経疏《かんむりょうじゅきょうしょ》』という書物に出会っている。

善導のこの著作は、中国ではそれほど注目を集めなかったものの、法然はそれと出会うことで、どのような凡夫《ぼんぷ》であっても、「南無阿弥陀仏」と唱える称名念仏によって極楽往生がかなうと確信する。そして、長年仏道修行を行っていた比叡山を下りる。法然43歳のときのことである。

その年齢からすると、法然はかなりの遅咲きだったという印象を受ける。比叡山を下りてからは、一時京の西、広谷に身を寄せていたが、やがて東山の大谷に移る。この大谷は、法然が亡くなるまで、40年近くにわたって活動の拠点になり、多くの人たちがその教えに接しようと大谷にやってきた。この大谷の地に、後には浄土宗の総本山となる知恩院が建てられる。

法然の存在が広く知られるようになるのは、50代半ばになってからのことである。文治《ぶんじ》2（1186）年、大原の勝林院において、「大原問答」、ないしは「大原談義」と呼ばれる法論が行われる。これを主催したのは、後の天台座主顕真《けんしん》である。

その問答の場には、顕真の弟子のほか、奈良東大寺の再建に力を尽くした重源《ちょうげん》なども集まっていたとされる。法然は、そこで自らの考えを披露する。それが従来にない斬新な教えであったため、これをきっかけに法然の名声が広まることになった。

法然の教えは、かなり革新的なものであった。というのも、法然は、「南無阿弥陀仏」の念仏さえ唱えれば極楽往生がかなうと説いたからである。これは、比叡山で実践されている他の仏道修行の価値を否定することにもつながっていく。

法然は、一般の仏道修行を「聖道門」と呼び、それを、もっぱら念仏によって往生を果たす「浄土門」と対比させた。聖道門が、誰もが簡単には実践することができない「難《なん》行《ぎょう》」であるのに対して、浄土門は、誰もが実践できる「易行《いぎょう》」である。要するに法然の教えは、出家得度して、長い時間をかけて修行を行わなくても、誰もが簡単に念仏さえ唱えれば悟りを開き、往生できると説くものだった。

もちろん、これだけ革新的な教えを、誰かが急に説いたとしても、多くの人は信用しない。疑いの目をもって見るはずだ。だが、法然は、長年にわたって比叡山で修行を重ね、深く仏道に通じていた。その実績は大きい。しかも、すでに50代半ばに達しており、年齢の重みもあったに違いない。今からそれを証明することは難しいが、その後、法然の教えが急速に、しかも広範囲に及んだことからすれば、人格的にも法然には相当の魅力があったことだろう。『大菩薩峠』の作者、中里介山《なかざとかいざん》が書いた『法然行伝』（ちくま文庫）の法然は、まさにたぐいまれな人格者として描かれている。ただ、その分小説としてはつまらない。むしろ、同じ本におさめられた「黒谷夜話《くろだにやわ》」の方が、『大菩薩峠』に通じる部分があり面白い。

九条兼実が、はじめて法然を自邸に招いたのは、大原問答の3年後の文治5年のことだった。このとき兼実は摂政の地位にあった。その点で、法然は当時の最高権力者の一人に招かれたことになる。それ以降、兼実は法然の庇護者となるが、その仲介で、法然は、後鳥羽天皇の中宮となっていた兼実の娘、宜秋門院《ぎしゅうもんいん》に戒を授けている。

さらに、法然がその主著である『選択本願念仏集《せんちゃくほんがんねんぶつしゅう》』をあらわしたのも、兼実の要請によるものだった。そのなかで法然は、さまざまな経典を引用し、いかに自分の説く教えが正しいものかを論証しようとしている。

その影響力をおそれた朝廷が法然を弾圧し流罪に

法然の教えは、それまでの仏教のあり方を全面的に否定するものをもっていたために、既成の仏教勢力から強い批判を招くことになる。元久元《げんきゅう》（１２０４）年には、延暦寺の僧侶たちは、法然の教えを禁じるよう朝廷に訴えたとされる。

それに対して、法然は、「七箇条制誡《しちかじょうせいかい》」という文章をあらわして、弟子たちに対して過激な行動を戒めるよう促した。法然はそのなかで、自分たちが信仰する阿弥陀仏以外の仏をそしったり、戒律を否定して淫行や酒、肉食にはしったりしてはならないとしている。法然は、『選択本願念仏集』についても、高弟にしか書写を許さず、一般の信徒の目にはふれないようにしていた。

法然の思想は過激で革新的なものではあったが、その行動は、むしろ保守的で穏健なものであり、無用な対立を避けようとするところで一貫していた。しかし、元久2年には、興福寺からも批判がなされ、法然の専修念仏を取り締まるよう訴えが出される。これは「興福寺奏状」と呼ばれる。

最初、朝廷はこうした南都北嶺の訴えをいれなかったものの、後鳥羽上皇が熊野に行幸している最中に、法然の弟子である住蓮と安楽が催した法会に参加していた院の女房がそのまま無断で出家してしまったため、上皇が怒り、専修念仏が禁止された上、住蓮、安楽を含めて4名が死罪となり、法然と他の弟子たちも還俗の上、流罪になったとされる。

これが、「建永《けんえい》の法難」と呼ばれる事件である。実はその経緯には不明な点も多く、はっきりしたことはわからない。流罪になった弟子のなかに親鸞も含まれていたとされるが、これにも問題がある。その点については、次の章で述べることにする。

法然は土佐（現在の高知県）に流罪と決まったが、兼実がその身を預かり、自らの所領である讃岐（現在の香川県）の小松庄に配流先が変更されたとも言われる。しかも、翌年末には恩赦で畿内へ戻ることが許され、やはり兼実と縁の深い摂津の勝尾寺《かつおじ》に滞在する。そして、建暦元（1211）年には京に戻ることを許されたが、翌建暦2年1月25日に享年80（満78）歳で亡くなっている。

法然の前半生は天台宗の一僧侶として平凡なもので、特筆すべき出来事も起こらなかった。だが、50代以降の活躍はめざましく、南都北嶺がおそれたように、仏教界全体に強い影響力をもつまでに至る。『選択本願念仏集』を批判した『摧邪輪《ざいじゃりん》』という書物をあらわした華厳宗の明恵《みようえ》などは、法然のことを「悪魔の使い」とさえ呼んでいる。

法然の影響力が増せば、周囲との軋轢は大きくなり、南都北嶺からは念仏停止《ちょうじ》の要求が出される。だが、法然に帰依する者は貴族層にも及んでおり、朝廷も簡単には念仏停止に踏み切れなかったわけである。だが、最大の庇護者である兼実が建久《けんきゅう》7（1196）年に関白の地位を追われたこともあり、法然は窮地に立たされた。法然没後も、専修念仏に対する弾圧はくり返されていく。

「祖師絵伝」のクライマックス・シーン、法然の往生

その没後、法然に対する信仰を高める上で重要な役割を果たしたのが、「祖師絵伝《そしえでん》」である。これは、宗祖の生涯を絵巻物に描いたもので、とくに浄土宗や浄土真宗、あるいは時宗といった浄土系の宗派では重要な役割を果たすようになり、さまざまな絵伝が作られていく。それに先行する天台宗や真言宗では、最澄や空海の絵伝はまったくないわけではないが、浄土系ほど重要な役割を果たしていない。

法然の絵伝としては、法然が没して25年目、嘉禎《かてい》3（1237）年に制作された『法然上人伝法絵』がその嚆矢《こうし》となる。それ以降、次々と作られていくが、そのなかでももっとも名高いものが知恩院所蔵の『法然上人行状絵図《ほうねんしょうにんぎょうじょうえず》（法然上人絵伝《えでん》）』である。これは「四十八巻伝」として知られ、現在国宝にも指定されている。

制作年代は、法然が亡くなって100年前後の13世紀末から14世紀前半と想定され、10名以上の画家がかかわったとされている。四十八という数は、『無量寿経』に示された阿弥陀仏の「四十八願」に対応したもので、法然の誕生から入寂までがつづられている。さらには、法然に帰依した信徒や同時代の僧侶、あるいは弟子の列伝も含まれている。

この絵伝のなかでクライマックスをなしているのが、法然が往生する場面である。それは第37巻に描かれている。床に臥《ふ》せった法然のからだの上には慈覚大師円仁の九条袈裟が掛けられており、その周囲を門弟たちが囲み、屋敷の外には信徒たちもつめかけている。

この光景は、画面の右端に描かれており、左端には雲に乗って来迎する阿弥陀三尊の姿が描かれている。阿弥陀仏の光背から発せられた光は法然に届いており、それが極楽往生を果たした証ともなっている。

浄土教信仰においては、念仏行を実践する者が極楽往生を果たしたかどうかが重要視される。『法然上人行状絵図』は、そのことを証明するもっとも重要な素材である。それは、平安時代に作られた『日本往生極楽記』をはじめとする往生伝を視覚化したものとも言える。往生伝で重要なのも、往生の証があったかどうかである。

こうした法然の絵伝は、やがて民衆を教化するための絵解きに用いられるようになっていくが、その際には、絵巻物ではなく、一枚の掛物の形をとるようになる。大きな画面を何段にも分けて、そこに法然の生涯をつづっていくのである。

こうした絵伝の制作は、浄土真宗で親鸞の生涯を描く際にも、時宗で一遍の生涯を描く際にも受け継がれていく。ただし、往生の証を示すことが必要ではない浄土系以外の宗派では、絵伝はそれほど発達しなかった。実際、曹洞宗の道元にも、臨済宗の栄西にも、そして日蓮宗の日蓮にも目立った絵伝は存在しない。すでに述べたように、それ以前の最澄や空海の場合もやはりない。

絵伝にその生涯が描かれるということは、祖師個人の存在がクローズアップされることを意味する。信徒たちは、絵解きの場に連なることによって、祖師がどういった生涯を歩み、衆生の救済のためには数々の困難を乗り越えていったことを教えられる。それは、自ずと祖師への思慕の念を強め、それは「祖師崇拝」へと発展していく。祖師自体が信仰の対象になったわけである。

祖師崇拝は、浄土系の宗派の寺院建築にも反映されている。それまでの仏教寺院では、本尊を祀る本堂や金堂が伽藍の中心に位置づけられていた。ところが、浄土宗の寺院では、本尊である阿弥陀仏を祀る阿弥陀堂と法然の像を祀る御影堂《みえいどう》が中心をなすようになっていった。現在の知恩院でも、御影堂が中心に建ち、その西側に阿弥陀堂が建っている。阿弥陀堂が東向きに建つのは、西方極楽浄土から阿弥陀仏が来迎するという信仰にもとづいている。こうした伽藍配置は、浄土真宗にも受け継がれていくことになる。

東の増上寺派と西の知恩院派の対立

法然没後の浄土宗にはたくさんの派が生まれ、そのあいだで主導権争いがくり広げられていく。

法然の教えの本質が、そうした傾向を助長した部分があった。というのも、法然は専修念仏の道を説いたものの、一方では、その教えの危険性にも気づき、自らの教えを一部の高弟だけにしか伝えず、自身は戒を守り続けたからである。そうした法然の保守的な姿勢は、すでに見た「七箇条制誡」にもっともよく示されている。

そのために、法然の教えを受け継ぐ者は、それをいかようにも解釈できた。つまり、念仏を唱えることでしか極楽往生を果たせないと考えることもできれば、念仏と併行してその他の行を実践してもかまわないと考えることもできた。そこに浄土宗の内部において分裂を促す根本的な要因があった。

初期の代表的な派としては、「多念義」と「一念義」があげられる。多念義では、生涯にわたって念仏を唱えることによって極楽往生が果たされるとしたのに対して、一念義では、信心さえあれば往生が果たされるのであって、ずっと念仏を唱え続ける必要はないとされた。

一念義を唱えたのは幸西だが、その考え方は過激で異端的なものであった。往生の証を信心に求めるなら、信心さえ固まっていれば、他には何をしてもかまわないという方向に行きかねないからである。その点で、一念義は浄土宗のなかで有力な派とはならなかった。この幸西の弟子筋にあたる聖達《しょうたつ》に学んだのが一遍である。幸西については、法然とともに阿波に流され、法然没後の「嘉禄の法難」では壱岐に流されたとされるが、詳細は不明である。

やがて浄土宗のなかで有力な派に発展していくのが、多念義よりもさらに保守的な傾向が強かった西山義を説く「西山派」であった。西山派を生んだのは、貴族の出身で、23年間も法然に従った証空《しょうくう》であった。

証空の興味深い点は、法然が亡くなった後に、天台座主で鎌倉時代初期の歴史書『愚管抄』を記した慈円について天台教学を学んだことである。これは、天台僧として出発した法然や他の門弟たちとは逆の道をたどったことを意味する。

その結果、証空は、浄土教学を確立する上で、天台の教えを活用し、法然が捨てたはずの念仏行以外の諸行を取り込んでいった。これによって、西山派はより保守的な傾向を強めたが、その分浄土宗の教えは貴族層に受け入れられやすいものとなった。しかし西山派は、その後に台頭する「鎮西派《ちんぜいは》」におされ、浄土宗のなかで少数派に甘んじることとなる。現在の西山派には、永観堂（禅林寺）を総本山とする西山禅林寺派、粟生光明寺《あおうこうみようじ》を総本山とする西山浄土宗、誓願寺を総本山とする浄土宗西山深草派が含まれる。

鎮西派を開いたのは、もともとは天台宗の僧侶で、途中から法然に帰依するようになる弁長《べんちよう》である。弁長は生まれが筑前国《ちくぜんのくに》（現在の福岡県）であったため、九州の西北部で念仏の教えを広める活動を進めた。その後、鎮西派は鎌倉や京都に進出し、その勢力を拡大し、やがては浄土宗の主流派へと発展していく。鎮西派でも、念仏以外の諸行による往生を認めていた。

親鸞の開いた浄土真宗も、浄土宗の派の一つとしてとらえることもできる。親鸞は、自らが法然の弟子であるという立場を取り続けたからである。だが、京から遠く離れた東国で長く独自の活動を展開したこともあり、浄土宗の枠からは離れていった。

近世以降の浄土宗にとって大きな出来事は、徳川幕府を開いた徳川家康が浄土宗に帰依し、手厚い保護を与えたことである。とくに芝の増上寺《ぞうじょうじ》は徳川家の菩提寺となり、家康の葬儀も遺言に従って増上寺で営まれた。二代将軍の秀忠をはじめ、6代にわたる将軍の墓所が増上寺に設けられている。江戸時代の増上寺は一万余石の寺領を誇り、25万坪の境内には48の寺院、100を超える学寮が建ち並んでいた。京都の知恩院が拡充されたのも、江戸時代のことだった。

ただし、明治に入ると、徳川家に庇護されていたことがかえって災いし、増上寺などは、神仏分離、廃仏毀釈の嵐が吹き荒れるなかで、寺領を奪われ、境内地を失うなど大きな打撃を受けた。また、太平洋戦争末期の昭和20（1945）年には、増上寺は空襲で全焼している。

それでも、戦後増上寺は復興され、知恩院とともに浄土宗の中心寺院としての地位を保っている。ただし、浄土宗内の分派は戦後にも見られ、増上寺を中心とした浄土宗と知恩院を中心とした本派浄土宗に分裂した上に、金戒光明寺《こんかいこうみょうじ》が別に黒谷浄土宗を立てるといった出来事も起こる。ただし、昭和36（1961）年の法然750年遠忌を機に、浄土宗と本派浄土宗が統一され、やがて黒谷浄土宗も復帰した。

仏教宗派のなかでは、異なる本山を抱く二大派閥が対立関係におかれることが珍しくはないが、浄土宗では、現在でも、東の増上寺の派閥と、西の知恩院の派閥とのあいだの対抗関係が継続されている。

第5章 親鸞が開いた日本仏教の最大宗派、浄土真宗

近代になって見出された新たな親鸞像

浄土真宗は、日本で最大の仏教宗派である。

宗教法人を単位とすると、浄土真宗本願寺派（いわゆる西本願寺）が曹洞宗に次いで第2位であり、1万280カ寺で694万1005人、真宗大谷派（東本願寺）が浄土宗に次いで第4位になり、8600カ寺で553万3146人となり、両本願寺をあわせると、信徒の数は1240万人を超える。なお、浄土真宗では信徒のことを「門徒《もんと》」と呼ぶ。

この本願寺の系統の他にも、浄土真宗には、三重県津市の専修寺《せんじゆじ》を本山とする真宗高田《たかだ》派が22万3755人、京都の佛光寺《ぶつこうじ》を本山とする真宗佛光寺派が4万7910人、同じく京都の興正寺《こうしょうじ》を本山とする真宗興正派が3万7162人の信徒（門徒）をかかえている。

浄土真宗を開いた親鸞は、宗祖のなかでもその存在感が際立っている。以前は、出版社が経営難に陥ったときには、「親鸞もの」を出せばなんとかなるとさえ言われていた。近年でも、五木寛之の小説『親鸞』（講談社）はベストセラーになった。

カリスマ性ということでは、空海や日蓮も親鸞と肩を並べるが、親鸞の人間性のなかには近代的自我に通じるものがあり、その生き方自体が現代の人間にアピールするところがある。親鸞について書いたり、研究したりする人間は、その苦悩に共感し、そこに自らの魂の救済への可能性さえ見出そうとしている。これは、空海や日蓮については起こり得ないことである。

だが、今日の親鸞像が広く知られ、強い注目を集めるようになったのは、実は近代に入ってからのことである。

現在では、親鸞と言えば、『歎異抄《たんにしょう》』のことを思い浮かべる人が多い。けれども、『歎異抄』には、最後に「奥書《おくがき》」というものがついていて、そこには、本願寺中興の祖である蓮如が、「右この聖教は、当流大事の聖教となすなり。無宿善の機においては、左右なく、これを許すべからざるものなり」と記されている。石田瑞麿《いしだみずまろ》の現代語訳では、「この聖教は、浄土真宗のためには大切な聖教である。前世からの深いつながりをもたないものには、勝手にはからってこれを拝見させてはならない」(『歎異抄／教行信証』I．中公クラシックス)と訳されている。

つまり蓮如は、『歎異抄』を事実上禁書扱いしているわけで、明治以前には門徒のあいだでも、その存在は知られていなかった。江戸時代には、学者や学僧の手によって研究はされたものの、広く知られるようになるのは、明治時代に浄土真宗の近代化をめざした清《きよ》沢満之《ざわまんし》らによって再発見されてからのことである。

大正時代には、作家の倉田百三《くらたひゃくぞう》が、親鸞の弟子で、『歎異抄』の編者と推定されている唯円《ゆいえん》と親鸞の物語を戯曲として描いた『出家とその弟子』がベストセラーになっている。こうしたものがなかったとすれば、「人間親鸞」への関心は高まらなかったかもしれない。

親鸞の虚像と実像

親鸞については、同時代の歴史的な資料が欠けていて、その存在に言及したものがないため、明治時代には、歴史学者によって「親鸞非実在論」さえ唱えられていた。こうした議論が完全に否定されたのは、大正10（1921）年に、西本願寺の宝物庫から、『恵信《えしん》尼消息《にしょうそく》』という10通の書状が発見されてからである。

この書状は、親鸞の妻である恵信尼が、その当時いた越後から京都で親鸞の世話をしていた末娘の覚信尼《かくしんに》に宛てたものである。その内容が、伝えられてきた親鸞の生涯と符合したため、その実在が明確に認められた。もしこの書状の発見がなければ、今でも親鸞非実在論は一定の説得力をもっていたかもしれない。

それでも、親鸞にかんしては依然として謎の部分が多く残されている。それは、親鸞の説いた教えがいったいいかなるものだったのかという本質的な問題にもかかわってくる。親鸞の教えなら、『歎異抄』のなかに明確に述べられているではないかと考える人も少なくないかもしれない。

だが、『歎異抄』は親鸞の死後に、弟子の唯円が、親鸞のことばとして書き記したもので、本人が直接に筆をとったものではない。しかも唯円は、自分とは異なる形で親鸞の教えを理解しようとしている人間たちを批判するために、『歎異抄』を編纂した。果たして、そこに述べられたことが、本当に親鸞自身が言ったことなのか、それは必ずしも明確ではないのである。

親鸞自らがその教えを書き残したものがあれば、それと比較することで、『歎異抄』の内容を検討することができる。だが、親鸞の主著とされる『教行信証《きょうぎょうしんしょう》』という書物は、大部のものではあるものの、経文からの引用がほとんどで、親鸞自身が書いた部分はごくわずかである。しかも、『教行信証』を通して親鸞が何を伝えようとしているのか、そこが必ずしもはっきりしないのである。

そのために、親鸞の思想と言えば、もっぱら『歎異抄』が用いられる傾向が続いている。そして、そのなかで語られた「善人なほもつて往生をとぐ、いはんや悪人をや」の「悪人《あくにん》正機説《しょうきせつ》」が親鸞の思想の核心にあるとされ、学校の教科書でもそのように紹介されている。大学入試にも出題されている。けれども、悪人正機説は法然に遡《さかのぼ》るものだともされており、必ずしも親鸞の独創ではない可能性がある。

つまり、親鸞の場合、その実像が必ずしも明確ではなく、反対に虚像の方が大きくふくらんでいる。それは、開祖や宗祖全体に共通して言えることではあるが、親鸞についてはあまりにその虚像がふくらみすぎているとも言えるのである。

親鸞、謎の生涯1――出生

親鸞の生涯を伝えるもっとも古いものが、『親鸞伝絵《しんらんでんね》』である。これは、文章と絵によって親鸞の生涯を描き出したもので、文章の部分だけを取り出したものは『御伝鈔』と呼ばれる。これを作ったのは、親鸞の娘である覚信尼の孫にあたる覚如《かくにょ》である。

親鸞の場合には、妻帯しており、血筋によってその信仰が伝えられていった。これは、他の宗派にはない浄土真宗の特徴である。

浄土系の宗派で宗祖の絵伝が重要な役割を果たしたことについては、すでに第4章でふれた。浄土系の信仰では、最後に極楽往生を遂げたかどうかが決定的に重要な意味をもち、絵伝はそれを証明する役割を担うからである。

『親鸞伝絵』は上下に分かれ、あわせて15段にわたって親鸞の生涯をつづっている。これが成立したのは、親鸞が亡くなって33年後のことである。すでにふれた妻の恵信尼の書状などを除くと親鸞についての資料は乏しく、この絵伝をもとにしてその生涯が語られることが多いが、果たしてそれが事実にもとづくものなのかどうかは必ずしも証明されていない。

そのいちいちについて検討を加えていく余裕はないので、ここでは重要なポイントを4つに絞ることにする。

一つは親鸞の生まれである。もう一つは京都の六角堂での夢告《むこく》の体験である。さらには法然との師弟関係であり、最後は流罪の問題である。

まずその生まれだが、親鸞は藤原氏から分かれた日野家の生まれで、貴族の出身であるとされてきた。ところが、親鸞の血統と日野家が結びつくのは、娘の覚信尼が日野家の日野広綱と結婚したことが契機になっており、親鸞自身は日野家の出身ではないという説もある。

たとえ貴族の出身であったとしても、親鸞の父とされる日野有範《ひのありのり》にしても、その叔父たちにしても、才能はあっても地位が低く、貴族社会のなかで出世がおぼつかない人間たちであった。少なくとも親鸞の生まれが、その後の生涯に大きな影響を与えたとは思えない。

親鸞、謎の生涯2——夢告の体験

貴族の出身かどうかということ以上に重要なのが、六角堂での夢告の体験である。『親鸞伝絵』では、「六角夢想」と呼ばれる段に記されている。六角堂は、聖徳太子ゆかりの寺とされ、恵信尼の書状では、比叡山を下りた親鸞は、そこに100日間こもり、来世の安穏について祈ったところ、95日目に聖徳太子があらわれたとされている。親鸞は、その意味を教えてくれる人物を求めて、法然のもとに赴くのである。

「六角夢想」の段では、観音菩薩が白い袈裟を着てあらわれ、「行者、宿報にて設《たと》い女犯すとも、我、玉女の身となりて犯せられる」と告げたとされている。行者とは親鸞のことをさす。もし前世の業によって、戒律を破り女性と性的な関係を結ばなければならないときには、観音菩薩自身がその相手になるというのである。

原文のまま読むと、かなりの衝撃を受ける箇所である。そして、この夢告は、後に親鸞が妻帯する行為を正当化するものととらえられてきた。ただ、僧侶の妻帯ということで言えば、それは現代において広まっているだけではなく、中世においても決して珍しいことではなかった。むしろ僧侶の妻帯が厳しく禁じられるのは近世に入ってからである。

近代の浄土真宗の宗派や、真宗系の知識人のあいだでは、親鸞が妻帯したという行為を高く評価しようとする傾向が強い。というのも、浄土真宗は僧侶の妻帯を認めてきた唯一の宗派だからである。そこには、近代的な自我と性欲という問題もからんでいて、知識人は、性的な欲望を抱くことの正当化を親鸞の体験に求めようとした。

そうした立場からは、親鸞の六角堂での体験は重要な意味をもち、親鸞は性欲の悩みを抱えて六角堂にこもったと解釈される。だが、果たしてそうとまで言えるのかは、かなり怪しい。それに、夢告を得た後に向かった法然は、自身妻帯していないし、それを勧めていたわけではない。少なくとも、当時の状況を踏まえれば、親鸞が妻帯したことを革新的と評価することはできないのである。

親鸞、謎の生涯3――法然との師弟関係

親鸞は法然のもとに弟子入りし、生涯にわたって法然を師と仰いでいた。『歎異抄』には、「たとい、法然聖人にすかされまいらせて、念仏して地獄に落ちたりとも、さらに後

悔すべからずそうろう」ということばがある。すかされるとは騙されるという意味である。たとえ法然に騙されて地獄に落ちてもいいと言うのだから、親鸞は法然に絶対的に帰依していたことになる。

比叡山から念仏を停止するよう訴えが出されたとき、法然が「七箇条制誡」をあらわして、弟子たちに対して軽率な行動をとらないよう呼びかけたことについては前の章でもふれたが、そこには弟子たちも署名しており、当時親鸞が名乗っていた「僧綽空《そうしやつくう》」の名前も含まれている。

また、『教行信証』の最後に載せられた「後序《こうじよ》」のなかで、親鸞自身、一部の高弟にしか許されなかった『選択本願念仏集』や法然の真影などの書写がかなったと記している。これは、法然の信頼が厚かったことの証明にはなり得る。

しかし、親鸞が「七箇条制誡」に署名したのは2日目で、1日目にはすでに79名が署名していた。全体でも、その数は190名にのぼっている。親鸞は果たして法然の高弟であったと言えるのだろうか。『親鸞伝絵』では、上巻の第6段にあたる「信行両座《しんぎようりようざ》」で、親鸞は弟子たちのリーダー役であるかのように描かれている。だが、本当に親鸞はそれほどの高弟だったのだろうか。あるいはそれは、この絵伝を書いた覚如の願望のあらわれだったのではないだろうか。

親鸞、謎の生涯4――流罪

もっとも問題になるのが流罪についてである。前の章で、「建永の法難」において、法然やその弟子たちが、流罪や死罪に処せられたことにふれた。親鸞もその際に、越後へ流罪になったとされている。なお、浄土真宗では「建永の法難」を「承元《じょうげん》の法難」と呼ぶ。

当時、流罪の対象となる国は、遠流《おんる》、中流《ちゅうる》、近流《こんる》の3つに分けられ、遠流の地は、伊豆、安房、常陸、佐渡、隠岐、土佐とされていた。法然が土佐に流されたとされるのも、そこが遠流の地と定められていたからである。

このなかに越後は含まれていない。現在では同じ新潟県に属する佐渡は遠流の地で、日蓮や世阿弥などが流されたことで知られるが、越後自体は違う。越後は中流でも近流でもない。しかも、親鸞が流罪に処せられたということは、親鸞側の歴史資料以外にはまったく記されていない。

親鸞自身は、『教行信証』の「後序」で、法然とその弟子たちが死罪となり、あるいは流罪になったと述べた上で、「予はその一なり」と述べている。これによって、親鸞も流罪になったと解釈されているが、この「その一」は、流罪になった一人ではなく、法然の一門の一人と読むこともできる。

それに続く箇所で、親鸞は、流罪が5年続いたことにふれているが、「空師（法然のこと）ならびに弟子等、諸方の辺州に坐して五年の居諸（月日）を経たりき」という表現を使っている。これを読むと、弟子等のなかに親鸞自身は含まれていないように感じられる。少なくとも親鸞は自分がどこに流され、そこでどういった生活をしていたかについては述べていない。越後に赴いたのは、すでに結婚していた恵信尼の故郷だったからかもしれないし、叔父の宗業が越後権介に任命されていたからかもしれない。そうした点も踏まえても、親鸞は流罪になっていなかったのではないだろうか。少なくとも親鸞は、他の箇所で一度も自分が流罪になったとは述べていない。

親鸞は、法難を契機に越後へ向かった。それは事実である可能性が高い。だが、法然が流罪から許されて京に戻っても、親鸞は戻らなかった。越後から出て、その後20年以上にわたって東国（北関東周辺）で活動を展開する。親鸞が京に戻った時期は必ずしも明確にはなっていないが、60歳を過ぎてからのことではないかと考えられている。流罪であったなら、赦免後に京に戻ったのではないだろうか。法然がすぐに亡くなったからだともされるが、親鸞の行動は不可解である。

東国の親鸞

『親鸞伝絵』では、東国での親鸞の事績について記すのに費やされた部分は、わずか2段である。しかも、最初の「稲田興法《いなだこうぼう》」の段では、「聖人越後国より常陸国《ひたちのくに》に越えて、笠間《かさまの》郡稲田郷《こおりいなだのごう》という所に隠居したまう」と、隠居したことにされている。この箇所を書くにあたって、京都や奈良にしかいたことのない覚如は、東国での親鸞について何ら情報をもっていなかったようだ。覚如が、東国に赴くのはその後のことである。

しかし、近年では、東国における親鸞のことがかなり注目されるようになってきている。常陸国の稲田は親鸞の活動拠点で、『教行信証』が書かれたのも、この稲田においてである可能性が高い。なにより常陸を中心に、親鸞は多くの信徒を生み出していった。常陸には猿島門徒や鹿島門徒、下総《しもうさ》には横曾根《よこそね》門徒、下野には高田門徒、武蔵には荒木門徒や麻布門徒などが生まれた。

こうした門徒のリーダー格となった人間には武士階級の出身者が多かったとされる。また、当時の北関東では、沖積平野においては江戸川（当時は太日川《ふとひがわ》）や利根川などの河川が縦横に流れ、洪積台地には多くの湖沼や沼地が広がっていたことで、そこでは魚や鳥などの捕獲を生業とする「川の民」が生活していた。川の民は、山の民とともに稲作などに従事しない非農業民を形成していた。

武士にとっても川の民にとっても重大な問題は、彼らが日々、仏法において戒められた殺生《せっしょう》を行っていることにあった。仏教徒が守るべき基本的な戒が「五戒」で、その筆頭には、「不殺生戒」があげられている。そして、殺生を犯した者は、「等活地獄《とうかつじごく》」に落とされると信じられていた。

つまり武士や川の民は、大罪を犯した「悪人」だったわけである。そうした悪人にとって、『歎異抄』の悪人正機説は根本的な救いを与えるものである。あるいはそこに、親鸞が東国で長く活動を展開した理由があったのかもしれない。親鸞は、東国の民が求める殺生の罪からの救いを与えることで、門徒を増やしていったものとも考えられるのである。

東国では、親鸞が活動を展開する以前から、聖徳太子や善光寺に対する信仰が広まっていた。浄土真宗のなかでは、今日まで聖徳太子信仰が盛んである。そこには、親鸞の六角堂での体験などが影響しているが、それだけではない可能性がある。

最近では、親鸞が善光寺信仰を広げるための勧進聖《かんじんひじり》として東国で活動を展開したのではないかという説も出されている。高田門徒が生まれた地域でも、この善光寺信仰が広まっていた。

親鸞は、「承元の法難」が起こり、京で念仏が禁じられたため、京にとどまっては法然門下としての活動を継続することは難しいと考え、越後に向かった。さらには、すでに聖徳太子信仰や善光寺信仰が確立されていた東国に拠点を定めた。そして、そのなかで東国の人々が求める悪人正機や他力本願の教えを深めていったのではないだろうか。

親鸞が京で亡くなったことは、覚信尼の書状からもたしかめられる。60歳を超えて京に戻った親鸞は、それ以降、『教行信証』の補足を行ったり、他の著作を執筆したり、浄土教信仰を歌にして易しく説いた和讃《わさん》の制作にいそしむ。そして、90（満89）歳で没している。当時としては、相当に長命だった。

『親鸞伝絵』を制作した、曾孫の覚如

ここまで見てきたように、親鸞は宗教家として抜群の注目度を誇っているにもかかわらず、その生涯にかんしては不明な点があまりにも多い。鎌倉時代の人物ということもあるが、生前には社会的にそれほど目立った活躍をしていなかったことが大きい。しかも、活

動の場は京や鎌倉から離れた東国であった。法然のように目立った活躍をしていれば、公家の日記などに登場したはずである。

にもかかわらず、親鸞が大教団の宗祖として、またカリスマ性のある宗教家として、今日強い存在感を示しているのは、その没後、親鸞を祀り上げようとする試みがなされた上に、親鸞を宗祖とする浄土真宗の教団が大きく発展していったからである。

こうした事情はキリスト教の場合とも重なってくるが、そもそもカリスマ的な宗教家は自らの教えを直接残さないのが通例である。教えとされるものは、その生涯の事績を含めて、弟子たちがまとめ上げ、伝えていく。イエス・キリストがそうであるように、親鸞もその典型なのである。

親鸞が亡くなると、その亡骸は京都の鳥辺野の北、大谷に葬られる。鳥辺野は葬送の地である。その遺骸は、没後10年が経過した時点で吉水の北の辺に改葬され、そこに「大谷《おおたに》廟堂《びょうどう》」が建立される。

親鸞の曾孫である覚如は、比叡山にのぼり、最初は天台宗や法相宗の教えを学んでいた。だが、親鸞の孫であった如信《にょしん》や高弟たちから親鸞のことを教えられ、後継者としての自覚を深めていく。親鸞の33回忌にあたる永仁《えいにん》２（１２９４）年には、親鸞の遺徳を偲ぶ「報《ほう》恩講《おんこう》」をはじめている。報恩講は、現在でも浄土真宗におけるもっとも重要な行事になっている。

さらに翌年、覚如は『親鸞伝絵』を制作し、正安《しょうあん》3（1301）年には、法然の伝記、『拾遺古徳伝《しゅういことくでん》』の編纂も行っている。これは、法然から親鸞へと教えが受け継がれたことを浄土真宗の立場で強調する試みだった。

ただ、当時の親鸞門下においては、東国の門徒集団の方がはるかに有力だった。大谷廟堂にしても、東国門徒に経済的に支えられていた。その状況のなかで、覚如は、大谷廟堂を管理する「留守職《るすしき》」の地位を確保することに力を注ぐが、血縁同士のあいだでも争いが生じ、廟堂が破壊されるような出来事さえ起こる。

それでも、元亨《げんこう》元（1321）年には廟堂を寺院化して、本願寺と号する。そして、自らを親鸞、如信に次ぐ本願寺三世と位置づけ、宗主を血脈相承することを鮮明にする。そこには、血縁では結びついていない東国の門徒集団と本願寺との差別化をはかる狙いがあったのかもしれない。

覚如の死後には、その生涯をつづった絵巻物の『慕帰絵詞《ぼきえことば》』が制作される。そして、覚如のあとは、その次男である従覚の子善如が継ぎ、親鸞の血脈が受け継がれていく。だが当時、浄土真宗のなかで発展を遂げていったのは、すでに述べたように、高田門徒や荒木門徒から発展した佛光寺門徒の方だった。高田門徒は伊勢の一身田《いっしんでん》に進出し、そこの専修寺を拠点とした。現在の真宗高田派の本山である。佛光寺門徒は、京都東山の佛光寺を拠点とした。

中興の祖・蓮如と本願寺

東国の門徒を基盤とした勢力に比較して、本願寺の方はふるわなかった。その中興の祖とされる八世の蓮如《れんにょ》があらわれたとき、本願寺は天台宗の門跡寺院である青蓮院《しょうれんいん》の末寺にすぎなかった。宗派として独立さえしていなかったのだ。そのため比叡山から干渉を受けることもあり、西塔の衆徒によって本願寺が破却されたことさえあった。

本願寺が青蓮院の末寺であったということは、比叡山の天台宗の流れのなかにあったことを意味する。当時の比叡山は南都北嶺として絶大な権力を誇っていた。弱小の本願寺は、比叡山の庇護下に入ることで、その存続をはかろうとしたのであろう。かつて覚如が法然の伝記の制作を試みたのも、法然を媒介にして比叡山との結びつきの強さを証明しようとしたからではないだろうか。

蓮如は、それまで統一されていなかった本尊や法式、勤行《ごんぎょう》の方法などを一つに定めた。また、親鸞の『教行信証』のなかにある「正信偈《しょうしんげ》」や和讃を用いることで、民衆でも理解できる教えを広めていった。さらには、自らの教えを書状の形をとった「御文《おふみ》」（西本願寺では「御文章《ごぶんしょう》」）として残した。現在、浄土真宗の葬儀で読まれる「白骨《はっこつ》の御文」（「それ、人間の浮生なる相をつらつら観ずるに」ではじまる）は、その一部である。

蓮如は、大谷の本願寺が破却されると、近江を転々とした後、文明《ぶんめい》3（1471）年、越前の吉崎に赴く。それが、本願寺を大きく発展させる契機になる。その時代は、戦国時代に突入していくきっかけとなる応仁の乱が起こった直後で、社会的な混乱が続いており、そのなかで本願寺は新興の寺社勢力として多くの人間を集めることに成功し、吉崎は寺内町として急速にその勢力を拡大していく。

本願寺の勢力は加賀にも伸び、高田派や佛光寺派と対立しつつ、加賀の守護である富樫《とがし》氏の内紛にも深く関与する。そして、加賀一向一揆を経て、加賀国を支配するに至る。こうした経緯があったため、浄土真宗の信仰は北陸全体に広まり、やがてその一帯は「真宗王国」と呼ばれるようになる。特定の地域に一つの宗派が圧倒的な影響力をもつ例は他にない。

一方、蓮如の方は、吉崎を去り、文明10（1478）年には、山科本願寺の再興を開始する。この山科本願寺は大伽藍を誇ったものの、「天文法華の乱」で焼け、蓮如の隠居所であった石山に石山本願寺が建てられる。現在の大阪城跡である。石山本願寺も寺内町を形成し、そこには多種多様な人間が集まってきた。決して浄土真宗の信仰によってのみ結ばれていたわけではなく、加持祈禱を実践する人間たちなども含まれていた。本願寺には、家老などの職もあり、武家と変わらない体制を作り上げていた。

また、畿内や北陸を中心に、各地には門徒によって構成される地域集団が生まれており、そうした集団は本願寺とネットワークを結び、本願寺の指示に従って行動した。そうした門徒集団では、意思決定のために門徒が話し合いを行う「衆議」が実践されており、門徒集団は近世において日本社会に広まる村落共同体の萌芽であったと見ることもできる。村落共同体では、「寄合い」という場に村民が出て、村のことについては皆で協議を行った。

戦国時代の戦乱は、絶えず敵味方が変わる複雑な様相を呈していくが、本願寺は、室町幕府と密接な関係をもち、それを後ろ盾にしていた。加賀国では、本願寺が実質的に守護の役割を果たし、将軍家の年貢の徴収さえ行っていた。

本願寺が世俗の権力と密接な関係をもった背景には、代々の宗主（門主）が血縁によって受け継がれていったことが影響している。宗主の子女は世俗の権力者と婚姻を結び、公家や武家と姻戚関係を確立していったからである。これは、宗派の頂点に立つ者が血縁では継承されていかない他の宗派では起こり得ないことである。逆に、本願寺が戦国時代において、戦乱に深く巻き込まれていったのも、こうしたことが関係していた。

石山本願寺は、天下統一をめざす織田信長を相手に戦闘と和睦をくり返しながら10年にわたって対立する。最終的には当時の門主である顕如《けんにょ》が石山本願寺を退くことになり、それはその後に焼失した。しかし、その際に宗派内部で対立が起こったこともあり、本願寺は東西に分裂する。西本願寺と東本願寺が分立することになり、全国の門徒も東西に分かれることになった。それは、本願寺の強大な力をおそれる世俗の権力者にとっては好ましい事態だった（神田千里『一向一揆と石山合戦』吉川弘文館）。

ほとんど受けなかった廃仏毀釈の影響

江戸時代の東西本願寺は、徳川幕府と密接な関係を結び、体制に対して反抗することはなくなった。すでに、証如《しょうにょ》が摂関家である九条家の猶子《ゆうし》（血縁はなくても親子関係を結ぶこと）となっており、それ以降も公家社会と密接な関係を結んでいた。そして、本願寺には巨大な御影堂や本堂（阿弥陀堂）が建てられていく。

西本願寺には、平安時代後期の歌集「三十六人家集」が所蔵されているが、これは天文18（1549）年に後奈良天皇から贈られたもので、本願寺と元来は関係のないものだった。それも、本願寺が疲弊していた朝廷を経済的に支えていたことの見返りである。本願寺は、膨大な数の門徒を抱え、豊富な資金力を誇った。門徒のほとんどは一般の民衆である。教団が民衆から集めた金にものを言わせて、その権勢を誇るという体制は、後の新宗教の先鞭をつけるものであった。浄土真宗も新宗教も、庶民を信者として多く取り込んだところで共通する。

明治に時代が変わる際に、仏教界は、神仏分離と廃仏毀釈の影響を受け、深刻な打撃を被るが、本願寺の信仰では、神仏習合の傾向が希薄であったため、あまりその影響を受けなかった。むしろ、本願寺は、その後に起こる仏教の再興にむけての動きにおいて先頭に立ってあたるようになる。

その象徴となる人物が、東本願寺の僧侶であった清沢満之である。彼は、蓮如以来禁書の扱いを受けていた『歎異抄』の再評価を行うとともに、雑誌『精神界』を刊行して、宗門の改革運動をはじめ、教団の近代化をめざした。満之自身は39歳で亡くなってしまうが、その精神は戦後の「真宗同朋会運動」といった、個人の信仰を強調する宗内の改革運動に受け継がれていく。

ただし、東本願寺では、門主であり、親鸞の血統を継ぐ大谷家の当主に権力が集中する構造ができ上がっており、改革派との対立から、「お東騒動」が勃発する。それも、他の宗派には見られない血による継承という本願寺の特徴が関係する。

これと関連するが、本願寺では、親鸞が出家と俗人の中間的な形態である「非僧非俗」の立場をとったことから、その僧侶は、世俗の社会を捨てたいわゆる出家にはあたらないと考えられている。他の宗派では僧侶の資格を得るために長期にわたる修行を必要とするが、本願寺ではそれがない。僧侶と一般の門徒のあいだに基本的に差がないわけで、門徒は僧侶に対しても対等の立場から発言する。そこには、すでに述べた衆議の伝統も生かされている。

また、本願寺には「神祇《しんぎ》不拝《ふはい》」の伝統があり、神棚を祀ったり、神社に参拝することを拒否したりする。また、霊が実在しないという立場をとり、葬儀の際の「清めの塩」を否定する。ただし、門徒には地方の保守的な階層に属する人間が多く、そうした方針が必ずしも徹底されているわけではない。

第6章 さまざまな禅文化が花開いた臨済宗（＋黄檗宗）

各本山が林立した臨済宗特有のあり方

禅系の宗派としてあげられるのが臨済宗と曹洞宗である。臨済宗の宗祖は栄西で、曹洞宗は道元である。

この章では臨済宗を取り上げるが、臨済宗の場合、これまで見てきた宗派とはいささか事情が異なっている。栄西は宗祖とはされているものの、臨済宗はその栄西の教えをもとに組織されているわけではない。栄西は、すでに中国にあった臨済宗を日本に最初に伝えた人物であるとは言えるものの、それ以上の存在ではないからである。

しかも臨済宗は、戦時下において国の政策として宗派合同が推し進められたときを除いて、宗派として一つにまとまっているとは言えない。臨済宗建仁寺《けんにんじ》派や臨済宗東福寺《とうふくじ》派といった具合に、派で分かれ、それぞれが独自に宗教法人を組織している。

現在、臨済宗全体の組織としては「臨済宗黄檗宗連合各派合議所」というものがある。これは、「臨黄合議所《りんおうごうぎしょ》」と略称されるが、そこには臨済宗14派と黄檗宗が属している。黄檗宗と言うと、臨済宗とは宗派が違うように思われるかもしれないが、後に述べるようにそのルーツは共通する。

臨済宗各派の名称は、それぞれの派の本山の名前に由来する。たとえば、臨済宗建仁寺派の本山は京都の建仁寺である。各本山には、その寺を開いた開山《かいざん》がいて、それが実質的な宗祖としての役割を担っている。建仁寺の開山は栄西だが、臨済宗東福寺派の大本山である東福寺の開山は聖一国師《しょういちこくし》（円爾弁円《えんにべんねん》）である。

次の章で述べる道元の曹洞宗も禅宗であり、その元は臨済宗と共通する。実際、道元が師事した明全《みょうぜん》という禅僧は栄西の弟子であった。ところが、道元の試みは、他の臨済宗の行き方とはかなり異なるものをもっていたために、宗派としての独自性を強めていくこととなる。

本書の序章では、日本の仏教が、その当時中国で流行していた最新のものを取り入れることで変化を遂げていった点を指摘した。その点で、日本仏教は「輸入仏教」であったと言える。

禅宗でも、栄西や道元は中国に赴いて、そこで禅を学んだように、輸入仏教としての性格をもっている。しかも、法華信仰や密教、浄土教信仰が、いったん日本に取り入れられると、中国の動向とは無関係に独自の発展を遂げていったのに対して、禅宗は最初に取り入れられてからも、中国の禅宗との交流のなかで発展を遂げていった。禅宗は輸入仏教であり続けたのだ。

日本人の禅僧は頻繁に中国に渡っており、中国からも数多くの禅僧が渡来した。日本の禅宗は、ずっと中国の影響下にあったと言える。

したがって、日本の臨済宗について見ていく場合、まずは中国における禅宗の歴史を押さえておく必要がある。

禅は瞑想法の一種であり、中国にはインドから伝わった。すでに2世紀中頃には伝えられていたとされるが、6世紀はじめにインドから中国に入った達磨大師の影響が大きかった。それまでの中国仏教は経典やその解釈を中心にしていたが、禅は実践を伴うもので、当時の中国人を大いに魅了した。中国では、世俗を離れて精神性を追求する隠者の伝統があったからである。そのためやはり隠者の伝統をもつ道教と深い結びつきをもっていった。

その後、中国各地には禅の修行を行うための禅院が次々と建てられていく。南宋（1127〜1279年）の時代には、潙仰《いぎょう》、臨済、曹洞、雲門《うんもん》、法眼《ほうげん》からなる禅宗五家が成立する。そして、江南の丘陵地帯や山麓地帯にあった禅宗の大規模寺院が「五山《ござん》」に定められる。いずれも風光明媚な場所にあり、中国の知識人に愛された。この五山の制度が、日本の禅宗にも影響し、後に「鎌倉五山」や「京都五山」が成立する。

日本には、栄西以前にも中国から禅は伝えられていた。その最初は、唐に渡って、『西遊記』の三蔵法師のモデルになった玄奘三蔵に師事した白鳳時代の道昭《どうしょう》で、帰国後、奈良の元興寺《がんごうじ》に禅院を開いている。平安時代には、空海とも交流があった嵯峨天皇の皇后が、禅を取り入れるために唐の禅僧を招いたりしたものの、この時代にはまだ日本には定着しなかった。

禅が仏教の興隆に結びつくと説いた栄西の『興禅護国論』

鎌倉時代に入って栄西が伝えた禅が定着するのは、武家の時代が到来していたからだと考えられる。禅はとくに武家に受け入れられていく。先行する南都六宗や天台、真言宗は朝廷や公家に受容され、貴族階級の生活と密接な結びつきをもっていた。武家は、そうした既成の仏教に代わる新たな流れを求め、それを禅宗に見出したのである。

栄西にしても、宋に渡ったのは必ずしも禅を取り入れるためではなかった。比叡山延暦寺で出家得度した栄西は、天台の教えと密教、そして戒律を学ぶために入宋《にっそう》し、南宋で禅が流行しているのに接して、それに感化されたらしい。しかし、栄西が日本に本格的に禅を伝えるのは、そのおよそ20年後に再度入宋したときで、そのときも本人は仏教が生まれた天竺（インド）に行くことを志していた。

日本に戻った栄西は、禅宗を開くことを宣言する。九州の博多で聖福寺《しょうふくじ》を建立し、そこを禅の道場とする。ところが、比叡山の衆徒の反感を買い、禅宗停止《ちょうじ》の宣旨《せんじ》が下る。

栄西は、自分の立場を明確にし、禅が仏法の興隆に結びつくことを説いた『興禅護国論《こうぜんごこくろん》』をあらわす。そして、幕府が生まれたばかりの鎌倉に新天地を求め、そこで寿福寺《じゅふくじ》と建仁寺を建立する。寿福寺は現在、臨済宗建長寺派に属しており、建仁寺の方は臨済宗建仁寺派の本山である。

今日、禅と言うと、もっぱら座禅を組んで修行を実践する形態を想像するが、それは「純粋禅」と呼ばれるもので、栄西の禅は天台の教えや密教をあわせて学ぶ「兼修禅」であった。建仁寺でも、その当初から、真言、天台、禅の兼修が定められ、その伝統は栄西以降の臨済宗にも受け継がれていく。

また、戒律を守る持戒の強調も栄西の禅の特徴で、戒律にのっとった生活を送りながら禅を実践することが重視された。これは、同時代の法然の方向性とも重なってくる。法然も、念仏による往生を強調する専修念仏の道を説きながら、自らの生活では持戒の姿勢を堅持した。栄西と法然は、鎌倉新仏教の流れのなかでは初期の形成期に属しており、その立場は折衷的なものであった。

また栄西は、『興禅護国論』において、達磨に遡るとされる「教外別伝《きょうげべつでん》・不立文字《ふりゅうもんじ》」ということの意義を強調した。これは、禅の真髄は経典のことばのなかにあるわけではなく、体験のなかにあり、座禅を通して釈迦の悟りに達すると説くもので、それが禅のスローガンになっていく。

栄西には、『喫茶養生記《きつさようじようき》』という著作もあり、日本に茶を伝えたとされる説も多い。だが、実際には奈良時代から茶は日本に伝わっていた。後に禅の影響を受けて茶道が成立したことで、栄西が茶を持ち込んだという伝承が生まれたのかもしれない。茶にはカフェインが含まれており、眠気覚ましの効果がある。その点で茶は、座禅を実践する禅宗には最適な飲料だった。

夏目漱石も学んだ円覚寺の釈宗演

栄西以降も、臨済宗の流れにおいては、兼修の傾向が受け継がれ、とくに禅とともに密教の実践が強調された。東福寺を開く聖一国師は、栄西の弟子である栄朝《えいちょう》に学んだ後、宋に渡り、そこで南宋五山の一つ、径山寺《きんざんじ》の無準師範《ぶじゅんしばん》の教えを受けた。帰国後は、禅を公家にも広めるため、密教や天台の教えを活用した。東福寺の建立には、五摂家の一つ、九条家の膨大な富が注がれた。

一時テレビで、織田無道《おだむどう》という僧侶がタレントとして活躍したことがあった。除霊などを行っていたが、彼は臨済宗建長寺派に属する寺院の住職だった。禅の臨済宗と除霊とは結びつきにくいが、こうした歴史的な背景を踏まえて考えると、臨済宗の僧侶が密教的な実践である除霊を行っても不思議ではないのである。

禅が密教と結びつきながら広まっていくなかで、純粋禅を追求しようとする動きも生まれる。道元の試みもその線に沿ってのことだが、臨済宗の流れのなかでも、純粋禅を定着させるために南宋の禅僧を日本に招くといったことが行われるようになる。

その先駆けとなったのが蘭渓道隆《らんけいどうりゅう》である。蘭渓は、南宋にいた時代には、聖一国師も学んだ無準師範などに師事し、日本に来てからは筑前、京、鎌倉の寺に寓して、規律の厳しい宋朝禅を伝えた。幕府の執権となった北条時頼はこの蘭渓に帰依した。時頼によって鎌倉に建長寺が建立された際には、蘭渓が開山として招かれている。建長寺は、現在、臨済宗建長寺派の本山となっている。

もう一人、鎌倉時代末期に北条時宗によって宋から招かれたのが無学祖元《むがくそげん》であった。無学も、蘭渓と同様に無準師範のもとで学んでいた。時宗は、蒙古襲来の際の日蒙双方の戦死者を弔うために円覚寺の創建を発願し、無学をその開山に迎えた。無学の教えは、日本人の禅僧である高峰顕日《こうほうけんにち》から夢窓疎石《むそうそせき》に伝えられ、円覚寺は臨済宗円覚寺派の本山となっていく。

その夢窓疎石は、鎌倉時代末期から室町時代初期まで活躍するが、高峰に学ぶ前には、天台宗の寺院で天台と真言を学んでいた。そのため、純粋禅を追求するよりも兼修の傾向が強かった。甲斐や土佐、上総《かずさ》、相模《さがみ》などで布教を行い、京に上って南禅寺の住持となる。夢窓の開いた禅寺としては、甲斐の恵林寺《えりんじ》、「苔寺《こけでら》」として知られる京の西芳寺《さいほうじ》、同じく京嵐山の天龍寺《てんりゅうじ》などがあるが、そうした寺の庭園の設計を行ったことでも知られる。今日まで残っているそれぞれの庭園が、夢窓の設計したままとは限らないが、枯山水に代表される禅宗の庭園は、禅が求める悟りの境地を表現したものとして受け継がれてきている。

円覚寺からは、近代に入っても、今北洪川《いまきたこうせん》、釈宗演《しゃくそうえん》、朝比奈宗源《あさひなそうげん》といった著名な禅僧が輩出された。世界に禅を広めた鈴木大拙《すずきだいせつ》は、釈宗演とともに今北の弟子である。慶應義塾の福沢諭吉に学んだ釈も、シカゴで開かれた万国宗教大会に参加するなど世界に禅を広めることに貢献した。

また釈のもとには、小説家として活躍する前の夏目漱石も参禅しており、その小説、『門』のなかに描かれた主人公宗助の体験は、それをもとにしている。釈は、夏目の葬儀では導師をつとめた。

禅文化の中心を担った京都五山と鎌倉五山

以上見てきたように、禅宗は鎌倉時代に、北条氏をはじめとする武家のあいだに受容されていく。武家は、つねに戦闘に従事しなければならない可能性があり、死と隣り合わせで生きていた。そうした武家にとって、死の覚悟をしながら修行にいそしむことを説く禅は相性の良いものだった。禅における悟りは、死の覚悟と等しいものだと考えられた。だからこそ逆に、禅は、密教を取り入れなければ公家のあいだには広まらなかったとも言える。

もう一つ、南都六宗や天台、真言両宗は、奈良時代から平安時代にかけて確立されていったために、朝廷や公家と密接な関係をもち、そうした階層出身の僧侶でなければ出世がかなわないという問題があった。そのため、武家出身の僧侶は、禅宗に行くしかなかった。それも、禅宗と武家とが密接な関係を結ぶ要因となった。

禅が武家に受容され、大規模な禅寺が建立されていくことで、鎌倉時代末期には、五山の制度が作られていく。これは南宋の五山をモデルとしたもので、五山のなかにどの寺を含めるかは、時代によって変化していく。足利義満の時代には、南禅寺を別格として、京都五山と鎌倉五山が確立される。京都五山は、天龍寺、相国寺《しょうこくじ》、建仁寺、東福寺、万寿寺《まんじゅじ》で、鎌倉五山は、建長寺、円覚寺、寿福寺、浄智寺、浄妙寺である。

この五山の下で、鎌倉の禅興寺《ぜんこうじ》や、蘭渓道隆が開山となった筑前の聖福寺などが「十刹《じっせつ》」に定められ、さらにその下に、二〇〇余りの各地の禅寺が所属する体制が作り上げられた。そうした寺院は総称して「五山派」、あるいは「叢林《そうりん》」と呼ばれ、それ以外の禅寺は「林下」として区別された。曹洞宗もこの林下に入るが、ほかに大徳寺に属する大燈派《だいとうは》（現在の臨済宗大徳寺派）や妙心寺に属する関山派《かんざん》（同臨済宗妙心寺派《みょうしんじ》）があった。

室町時代後期になると、五山派が、幕府の弱体化によって衰えていくのに対して、林下の大徳寺派や妙心寺派が、戦国大名や堺の豪商などのあいだに広がっていった。五山派の禅僧のなかにも、曹洞宗の永平寺《えいへいじ》などで営まれる純粋禅に対して憧憬の気持ちをもつような者もあらわれた。

禅文化として花開いた水墨画・茶道・五山文学

禅寺においては、とくに純粋禅を追求するようなところでは、座禅の実践が仏道修行の中核に位置づけられていた。禅僧の目的は、そうした修行を通して悟りを開くことにあるが、その悟りを表現するものとして、禅宗においては独自の宗教美術が形成されていった。その代表が、「頂相《ちんぞう》」と「墨蹟《ぼくせき》」である。頂相は、開山などの禅の老師を描いた肖像画で、その命日などに掲げられた。頂相彫刻になると、禅寺の講堂や食堂《じきどう》に常時安置され、弟子たちの修行を見守ることになった。頂相として描かれた老師の顔には、自ずと悟りの境地が示されると考えられた。

墨蹟は、老師が筆でしたためたもので、その内容にかかわらず、やはり悟りの境地が示されているとされた。とくに珍重されたのが、臨終に際して記す「遺偈《ゆいげ》」で、禅の悟りの境地が生死の境涯を超越するものであることを示す役割を果たした。

他に、禅宗に発している美術としては「水墨画」があった。禅僧の描く水墨画は、仏や祖師の姿を描いたものだったが、それにとどまらず花鳥風月を描くようにもなっていく。ただそれは、たんなる風景画ではなく、それを描いた個人の、あるいは人間そのものの心象風景を描き出したものとして受け取られ、そこに宗教的な価値が見出された。

宋末元初の中国の禅僧で、無準師範にも師事したとされる牧谿《もっけい》の水墨画は日本で珍重された。とくに室町幕府の三代将軍、足利義満に愛好され、日本の水墨画にも多大な影響を与えた。ただし、中国ではさほど評価はされず、その作品は日本にしか現存していない。

禅を基盤にした、日本に特異な芸術としては他に「茶道」がある。茶道は、日常の世界から一歩距離をおいた簡素な空間において茶を嗜むことによって脱俗の境地を味わおうとするもので、それは禅の精神に通じ、「茶禅一味《ちゃぜんいちみ》」ということばさえ生まれた。

また、室町時代の五山では、「五山文学」と呼ばれる漢文学が隆盛を迎える。

禅寺の特徴は、中国との交流が盛んで、渡来僧が指導にあたったことにあったが、彼らは、中国語で指導を行い、日本人の禅僧もそれに通じていなければならなかった。中国語が日常的に用いられたため、禅寺は、中国との外交や貿易の上で媒介者の役割を果たすことになる。その際に、禅僧が正式な外交文書で用いられる四六駢儷体を駆使できることは大きな意味をもった。さらに禅僧は、仏典以外の医学書や儒学の書物、詩文集などを中国語から翻訳し、それを出版する活動にも従事した。

五山文学は、そうした環境の上に花開いた。その絶頂期は14世紀後半で、義堂周信《ぎどうしゅうしん》と絶《ぜっ》海中津《かいちゅうしん》が双璧をなした。二人は優れた漢詩を書くことができ、義堂は『空華集《くうげしゅう》』を、絶海は『蕉堅藁《しょうけんこう》』という詩文集をあらわした。ただ、こうした文学の隆盛は、純粋禅からは遠ざかるものであった。

黄檗宗の影響と中興の祖・白隠慧鶴

戦乱の時代が訪れて、室町幕府の力が衰えていくにつれ、五山派の禅寺は経済面での後ろ盾を失い、衰退の方向へむかっていく。むしろ、妙心寺や大徳寺の系統の方が力をもち、近世になるとその系統が臨済宗を席捲するようになる。

そうした流れのなかで大きく影響したのが、明の時代に入った中国からの黄檗宗の伝来であった。

黄檗宗を伝えたのは、隠元隆琦《いんげんりゆうき》という中国人の禅僧である。ただし、黄檗宗は中国には存在せず、隠元は臨済宗の禅僧だった。黄檗の名称は、隠元が中国福建省で住していた黄檗山萬福寺《まんぷくじ》に由来する。黄檗宗の名が用いられるようになるのは明治時代に入ってからのことで、当初は、「臨済正宗」もしくは「臨済禅宗黄檗派」を名乗っていた。

ただ、臨済宗の伝統の上にあるとはいっても、中国での臨済宗は独自の発展を遂げていた。隠元が日本で建てた宇治の黄檗山萬福寺の建物は当時の中国の禅寺そのままで、僧侶が住む方丈から発展した日本の禅寺の様式とはまったく異なっていた。

また中国の臨済宗では、太鼓腹の布袋《ほてい》を弥勒菩薩として祀る信仰が広まっており、萬福寺でも布袋が祀られた。それも日本の禅寺ではないことだった。このように、中国の臨済宗と日本の臨済宗のあいだに乖離が生まれていたことが、後の黄檗宗の独立に結びついていく。ただし、この章の最初にも述べたように、臨黄合議所という形で、臨済宗と黄檗宗は現在でも密接な関係を保持している。

江戸時代に黄檗宗が定着していくのは、寺請制度が導入されたため、九州の長崎に多かった中国人の残留者も自分たちが所属する寺院を必要とし、その際に、黄檗宗の寺院を建立したからだった。

黄檗宗の寺院では、禅僧が集団生活を送り、修行にいそしむことが実践されていたため、日本の臨済宗の禅僧たちにも影響を与えた。日本の禅寺では、その時代になると、座禅を中心とした禅の修行が実践されなくなっていたからである。それによって、禅僧が修行を実践する場としての僧堂の復興運動が起こる。

ただし、臨済宗は黄檗宗の影響を受けながら、徹底して純粋禅の方向へむかったわけではなかった。江戸時代の中期には、白隠慧鶴《はくいんえかく》が登場し、宗派の復興に力を発揮して、臨済宗中興の祖とされるようになっていく。白隠が導入したのは「看話禅《かんなぜん》」であった。この看話禅は、ひたすら座禅によって悟りをめざす「黙照禅《もくしょうぜん》」と対比されるもので、老師が「公案《こうあん》」を与えることで弟子を悟りへと導くものである。看話禅は、中国の南宋の時代に確立された。

白隠が創案した公案の代表的なものに、「隻手音声《せきしゅおんじょう》」というものがある。これは、両手を打ち合わせると音がするが、では片手ではどんな音がするかを問うものである。常識で考えれば、片手では手を打てないわけで、音などしないのだが、公案は、そうした常識から禅僧を解き放とうとするものである。

白隠は、駿河の原宿（現在の静岡県沼津市）の生まれで、地元の松蔭寺《しょういんじ》で得度し、各地を行脚するなかで悟りを開く。享保《きょうほう》元（１７１６）年には松蔭寺に戻り、終生そこを拠点に活動を展開する。白隠に特徴的なことは、独自の禅画を描いたことで、画業には松蔭寺に戻った直後から手をつけるようになるが、「白隠画」と呼ばれるような個性が出てきたのは50代から60代になってのことである。

白隠画の代表的なものとしては、菰《こも》をかぶって修行する大徳寺開山の大燈国師《だいとうこくし》を描いた「大燈国師像」や、蛤のなかから観音菩薩があらわれる「蛤蜊観音図《はまぐりかんのんず》」などがある。そうした白隠画に魅《ひ》かれて、松蔭寺には禅僧だけではなく、参勤交代途上の大名や絵師などが訪れた。白隠の場合にも、禅が芸術表現と結びつくことで広がりをもった。それは、五山文学などとも共通する。

もっとも少ない臨済宗国泰寺派の信徒数は25人

最後に、臨済宗の各派のうち、ここまでで取り上げてこなかったものを紹介する。

五山の制度が確立されたときに別格とされた南禅寺を本山とするのが、臨済宗南禅寺派である。開山は信濃出身の無関普門《むかんふもん》である。南禅寺は、応仁の乱で焼失し、再興もままならなかったが、それを江戸時代に復興させたのが金地院崇伝《こんちいんすうでん》である。崇伝は、幕政にも関与し「黒衣の宰相」とも呼ばれた。

なお、歌舞伎で石川五右衛門が「絶景かな絶景かな」の名台詞を吐くのはこの南禅寺の山門（三門）に設定されている。

臨済宗国泰寺《こくたいじ》派は、富山県高岡市にある国泰寺を本山とし、開山はやはり信濃出身の慈《じ》雲妙意《うんみょうい》である。中世には栄えたものの、明治の廃仏毀釈で衰え、現在の建物は明治時代に山岡鉄舟《やまおかてっしゅう》の助力で再興されたものである。哲学者の西田幾多郎《にしだきたろう》や鈴木大拙が若き日に参禅したことでも知られる。

臨済宗向嶽寺《こうがくじ》派は、山梨県塩山市の向嶽寺を本山とし、開山は抜隊得勝《ばっすいとくしょう》で、甲斐の武田氏の庇護を受けて発展した。

臨済宗天龍寺派は、京都嵐山の天龍寺を本山とし、開山は夢窓疎石である。室町時代には、京都五山の筆頭として栄えたが、たびかさなる火災で焼失をくり返した。臨済宗相国寺《しょうこくじ》派も、開山はやはり夢窓疏石である。本山は、足利義満が創建した相国寺で、金閣寺（鹿苑寺）と銀閣寺（慈照寺）もこの派に属している。

臨済宗永源寺《えいげんじ》派は、滋賀県東近江市の永源寺を本山とするが、明治に東福寺派から独立した。臨済宗方広寺《ほうこうじ》派も、静岡県浜松市の方広寺を本山とするが、やはり明治に南禅寺派から独立した。

臨済宗佛通寺《ぶつつうじ》派は、愚中周及《ぐちゅうしゅうきゅう》が開山となる広島県三原市の佛通寺が本山である広島が中心で、明治までは天龍寺派に属していた。

臨済宗興聖寺《こうしょうじ》派は、虚応円耳《こおうえんに》が開山となる京都の興聖寺を本山とする。

臨済宗の各派は、他の宗派に比較して、信徒の数は決して多くはない。もっとも大きいのが臨済宗妙心寺派だが、それでも信徒数は34万6035人にとどまる。もっとも少ないのが臨済宗国泰寺派で、わずか25人である。このすべてが教師とされており、禅の修行者だけが信徒に含まれているものと考えられる。すべての派をあわせても、信徒数は１５０万人に届かない。

臨済宗という宗派の存在感が他の宗派に比べて薄く、注目度が低いのも、教団の規模が小さく、しかもいくつもの派に分かれているからである。

第7章 葬式仏教の生みの親でもある道元の曹洞宗

セブン-イレブン店舗数をしのぐ寺院数1万4499カ寺

私は宗教について専門に研究をしているということから、仏教宗派に呼ばれて講演をすることが少なくない。これまで、本書で取り上げた宗派のうち、南都六宗を除けば、他の七宗派すべてに呼ばれたことがある。

これは説明が難しいところだが、宗派によってその雰囲気はかなり違う。

一つ宗派としての性格が際立っているのが浄土真宗で、僧侶と門徒と呼ばれる俗信徒の距離が近いため、門徒は僧侶を奉ったりはしない。その上、私のような講師に対しても遠慮がなく、辛辣な批判を受けることがある。

もう一つ、宗派の特徴が出るのが曹洞宗の場合である。曹洞宗は、浄土真宗とは反対で、僧侶は必ず剃髪《ていはつ》し、墨染めの衣を身にまとっている。講演の後に記念撮影があったとき、黒を身にまとった数百人の僧侶のなかで、スーツ姿の私だけが異質な存在に見える写真に仕上がった。これは、他の宗派ではないことである。

曹洞宗は臨済宗とともに禅系の教団である。曹洞宗の僧侶の、いかにも禅僧らしい姿は、その大本山、永平寺《えいへいじ》における厳しい修行に結びついていく。

福井の永平寺は、曹洞宗の宗祖である道元が開いた禅の道場で、はじめは傘松峰大佛寺《さんしょうほうだいぶつじ》と呼ばれていた。吉祥山《きちじょうざん》永平寺と改められたのは、創建から2年が経った寛元《かんげん》4（1246）年のことだった。

それ以来、永平寺では厳しい禅の修行が営まれている。前の章でふれたように、曹洞宗は、臨済宗の中心となる五山制度の枠の外におかれたことから「林下」として区別されてきた。ただ、臨済宗が、密教などとの兼修を特徴とする兼修禅としてはじまったのに対して、曹洞宗では、当初からもっぱら座禅による悟りをめざす純粋禅が追求されてきたとされている。

永平寺では、禅が実践されてきただけではなく、生活全体に修行としての意味が与えられている。食事をとることはもちろん、風呂に入ることも、便所を使うことも、禅の修行僧である雲水《うんすい》にとっては修行にほかならない。

そうした永平寺における雲水の修行を描いたテレビ・ドキュメンタリーにNHK特集「永平寺」という作品があった。これは、寒い冬の永平寺での修行を扱った1977年の番組で、イタリア放送協会が主催する番組の国際コンクール、第29回イタリア賞（ドキュメンタリー部門）を受賞している。

また、2002年からTBS系列の、いわゆる昼メロとして放送され、女性たちのあいだで人気を博した作品に「ピュア・ラブ」というものがあった。この作品は、永平寺のような禅寺（ドラマのなかでは龍雲寺と呼ばれた）で修行する雲水が、白血病にかかった小学校の女性教諭とふとしたことから恋に落ちるという物語である。番組が好評だったことから、続編が2度にわたって作られた。何より雲水の修行僧としての純粋さが、視聴者の女性たちにアピールした。

しかし、修行が厳しいものであればあるほど、そこには暴力が手段として用いられるようにもなってくる。30歳のときに突然出家し、永平寺で1年間修行した野々村馨の手記『食う寝る坐る　永平寺修行記』（新潮文庫）には、そうした修行の場での暴力の実態についてもふれられている。

野々村は、煩悩を打ち砕く手立てとして暴力を正当化しているが、私が知る曹洞宗の僧侶のなかには、それがこころの傷になっている人物もいる。戦時中の日本軍においても暴力が横行していたが、それは禅寺から取り入れられたものだとさえ言われている。

その暴力以上に、厳しい修行に打ち込む宗派としてのあり方と矛盾しているように思えるのが、今日の「葬式仏教」の原型を曹洞宗が作り上げたという事実である。他の宗派は、同じ禅宗の臨済宗のみならず、どこも、曹洞宗にならって仏式の葬儀の方法を編み出していった。

おそらくはその点が深く関連しているであろうが、曹洞宗は、その母体ともなった臨済宗とは異なり、多くの信徒を抱える大教団に発展している。最近の曹洞宗は、信徒の数を公表していないので、正確なところがわからないが、『宗教年鑑』をたどってみると、平成4年版では706万4499人という信者数を誇っていた。この年、次に多いものが西本願寺（浄土真宗本願寺派）の694万1136人だった。この時点で曹洞宗は、日本で最大の仏教宗派であった。

しかも、曹洞宗の寺院の数は1万4604カ寺にも達する。この数も各宗派のなかで一番多い。コンビニエンス・ストアの店舗数で唯一1万店を超えているのがセブン－イレブンだが、それでも1万3718店（2011年12月時点）であり、曹洞宗の寺院の数に及ばない。いかに曹洞宗が大教団であるかがわかる。

このように見ていくと、曹洞宗は不思議な宗派に思えてくる。

何よりも不可解なのは、純粋禅を追求し、生活のすべてを修行とするシステムを築き上げた宗派が、なぜ葬式仏教の生みの親となり、大教団にまで発展したのかという点である。

その謎が解けたとき、曹洞宗の宗派としての本質が明らかになってくるはずである。

帰国して「自分には仏法はない」と言った開祖・道元

曹洞宗を開いた宗祖は道元である。ただし、これは臨済宗と共通する禅宗の特徴だが、中国にも曹洞宗が存在していた。

前の章でもふれたように、南宋の時代に、禅家五家が成立し、そのなかに曹洞宗も含まれていた。中国で曹洞宗を開いたのは、洞山良价《とうざんりょうかい》（８０７〜８６９）とその弟子である曹《そう》山本寂《ざんほんじゃく》（８４０〜９０１）である。ただし、中国における曹洞宗の歴史のなかで重要なことは、12世紀に宏智正覚《わんししょうがく》（１０９１〜１１５７）という人物があらわれて、ひたすら座禅によって悟りをめざす「黙照禅」を唱えたことである。道元が中国へ渡るのはその後のことである。道元の禅は、黙照禅とも言えるわけで、その影響は明らかである。

その後、禅家五家のうち、潙仰、雲門、法眼の三家は消滅してしまい、臨済と曹洞だけが残った。ただ、中国において臨済が大きく発展したのに対して、曹洞の勢力はそれほど伸びなかった。それは、日本で五山が栄えた時代に似ている。

中国の曹洞宗は近代に入っても受け継がれ、現在でも存続している。だが、道元以降、中国の曹洞宗が日本に影響を与えることはなかった。そこでも、臨済宗の場合とは大きく異なっている。

道元は、正治《しょうじ》2（1200）年、村上源氏の総本家にあたる久我家に生まれたとされるが、そのあたりの事情は必ずしもはっきりはしていない。両親を早くに失ったとされる。それは、父親という後ろ盾を失った当時の子どもにとって一般的なことだが、道元は14歳のときに比叡山にのぼり、出家している。

最初は、園城寺で天台教学を学んでいたが、すぐに栄西が開山となった京都の建仁寺に行き、そこで栄西の弟子である明全に師事する。これで道元は禅を学ぶようになり、貞応《じょうおう》2（1223）年に、明全とともに宋に渡っている。師の供をして入宋したという状況だったのであろう。明全には、道元以外にも他の弟子が同行している。

明全は、浙江省寧波《にんぽう》の天童山にむかい、そこで中国臨済宗楊岐《ようぎ》派《は》の無《む》際了派《さいりょうは》などのもとで禅を学んでいる。ところが、明全は入宋して3年で亡くなってしまう。そこで道元は、景徳寺の如浄《にょじょう》につき、2年して悟りを開いたことを証明する「印可《いんか》」を得ている。

道元は、悟りの体験を「身心脱落《だつらく》」と呼んでおり、如浄のもとでそれを体験したのではないかと考えられる。ただ、道元の説法を集めた『永平広録《えいへいこうろく》』においては、宋から帰国したときのことを「空手《くうしゅ》にして郷《きょう》に還る。所以《ゆえ》に一毫《ごう》も仏法無し」と述べている。何ももたずに還ってきたので、自分には仏法などまったく備わっていないというのだ。

「禅問答」ということばがあり、それは一般に、ちぐはぐでわかりにくい問答のことをさす。まさに道元の説法は禅問答の性格を帯びている。普通なら、わざわざ宋まで出掛けて、そこで数年を修行に費やしたのだから、その成果を誇るところだが、道元はその逆を行き、意表を突いている。その説法に接した人間は、道元がいったい何を言おうとしているのかを考えざるを得なくなったはずである。そこに道元の意図があったとも考えられる。

カルト宗教と見なされた道元とその弟子たち

こうした面で道元のことばには特異な魅力があり、多くの人たちがその哲学に魅かれていく要因があるわけだが、道元の宗教思想がいったいいかなるものなのかを説明することは容易ではない。また、そうしたことばを通して、道元自身の体験を探ることも難しい。具体的なことが説明されていないからだ。それは他の系統の宗祖には起こり得ない、禅宗ならではのことである。

したがって、入宋時における道元の悟りがいかなるものかを明らかにできないが、帰国した道元は九州のどこかにたどり着いた後、京に上り、明全のいた建仁寺に身を寄せている。道元は、建仁寺に3年ほどいた後、深草の安養院に退く。

道元が宋で学んできた禅風と建仁寺のそれがあわなかったからだとも、周囲の禅僧たちが性にまつわる話をするのが耐え難かったからだとも言われる。また当時は、禅宗が比叡山の反感を買うようになっていて、迫害を避けるために隠棲《いんせい》したとも言われる。原因はともかく、それ以降の道元は、世俗の社会から離れた場所で禅の道を追求し、弟子たちに説法を続けていく。

道元は、天福《てんぷく》元（1233）年には、安養院に近い宇治に興聖宝林寺《こうしょうほうりんじ》を創建する。越前に赴くまで10年ほどそこで活動を展開するが、その時代に、後に道元の語録である『正法《しょうぼう》眼蔵随聞記《げんぞうずいもんき》』を編纂し、永平寺二世となる懐奘《えじょう》が入門している。

懐奘は、弟子とはいえ、道元の2歳年上だった。比叡山で出家した後、第4章でふれた浄土宗西山派の証空のもとで浄土教学を学び、その後、達磨宗（その後の日本達磨宗）で禅を学ぶ。

この達磨宗は大日房能忍《だいにちぼうのうにん》が起こした禅の先駆的な宗派で、その実態は必ずしも十分には明らかになっていないが、修行を否定するところに特徴があった。第2章で、天台宗の天台本覚論についてふれたが、草木でさえそのまま成仏しているというとらえ方からすれば、悟りを開くために修行する必要はない。能忍の考え方はその延長線上にあった。

懐奘は最初、道元に法戦を挑もうとしたが、かえって道元の説くところに魅かれ、それで入門したとされる。懐奘だけではなく、達磨宗からは義介《ぎかい》、義尹《ぎいん》、義演《ぎえん》といった人たちが道元のもとへ入門している。修行を否定する能忍の考え方は道元とは相いれない。達磨宗から移ってきた弟子たちは、修行という実践を求めたのである。

この出来事は、オウム真理教のことを連想させる。オウムには、麻原彰晃も一時いたとされる阿含宗《あごんしゅう》から多くの信者が移ってきたが、それも阿含宗では十分にできない修行を求めてのことだった。サリン事件以前のオウムに多くの若者たちが魅かれたのも、オウムがヨーガを中心とした修行の機会を提供したからである。

そして、信者に出家を促すオウムが社会から強い批判を浴びたように、出家して禅の修行に専念しようとする道元の集団も、比叡山からの強い迫害を受けたとされる。その後の曹洞宗は、オウムとはまったく異なる道を歩んでいくことになるが、興聖宝林寺の時代には、「カルト宗教」と見なされていたとも言える。その観点から作られた舞台作品が、井上ひさしの『道元の冒険』である。この作品では道元と狂気に陥った新宗教の教祖とが二重写しになっている。

幸い、道元の信徒には、波多野義重《はたのよししげ》という武将がいた。義重は、鎌倉幕府の執権北条義時の三男、重時の娘をめとっており、重時の重臣だった。波多野家は越前志比庄《しいのしょう》に地頭として所領を有しており、そこを道元に寄進した。そこに傘松峰大佛寺が建立され、永平寺へと発展していく。永平寺は、道元の考えを実践する禅の道場となっていく。

道元は、一時、義重や執権の北条時頼の招きで鎌倉にのぼるが、半年滞在しただけで、永平寺に戻っている。その4年後の建長《けんちょう》5（1253）年には病を得て、永平寺を懐奘に譲り、54（満53）歳で没している。道元が越前で活動した時代は、わずか10年にしかすぎなかった。

難解かつ87巻の大著『正法眼蔵』

道元は膨大な量の著作や説法集などを残している。主著は『正法眼蔵』で、それは87巻にも及ぶ大著で、また20年以上にわたって書き継がれてきたため、その内容は変遷を遂げている。明治時代には、『正法眼蔵』から抜粋した「修証義《しゅしょうぎ》」が編纂された。これはわかりやすいものだが、『正法眼蔵』自体の内容は相当に難解である。

先にふれた『永平広録』になると、説法集であるだけに、かなりわかりやすいものになっているが、一般には、『正法眼蔵随聞記』によって道元の思想が理解されている。ただしこれは、弟子の立場にあった懐奘が編纂したもので、そこには編者の解釈が相当に入っている。親鸞の『歎異抄』と同様に、果たしてそこに示されたものをもって道元の考えとして理解していいのか、大きな問題をはらんでいる。

もう一つ道元があらわしたものとして重要なのが、『永平清規《えいへいしんぎ》』である。清規とは、禅の修行を行う雲水の生活規範を定めたもので、中国で作られた『禅苑清規《ぜんねんしんぎ》』がもっとも名高い。道元の『永平清規』には、食事を作る役僧の心得を示した「典座教訓《てんぞきょうくん》」や、その食事をとるときの作法を記した「赴粥飯法《ふしゆくはんぽう》」が含まれる。ここには、生活自体を修行としてとらえる道元の考え方が明確に示されており、永平寺では実際にそれが実践に移された。

道元後、純粋禅から兼修禅へ

道元が亡くなった後の永平寺では、あくまで道元の教えを守るか、それとも教団としての発展をめざすかで対立が起こる。後者の立場に立った永平寺三世の徹通義介《てつつうぎかい》は、永平寺を下りて、加賀大乗寺《だいじようじ》へ移ってしまう。この義介に従う者は多かった。一方、永平寺は住職のいない無住の寺となり、廃寺同然の状態にまで衰えてしまう。

永平寺と加賀大乗寺の対立関係は、室町時代の終わりまで続き、そのあいだ、両者は没交渉の状態となる。加賀大乗寺の方は発展していくが、永平寺は衰えたままだった。今日の状況からすると考えられないことだが、永平寺は見捨てられたような状態にあったわけである。

ここまでの経緯を見ていくと、曹洞宗が大教団へと発展していったことが不思議に思えてくる。道元が創建した永平寺などは、廃寺になっていた可能性さえあるからだ。

その曹洞宗を興隆へと導くことになるのが瑩山紹瑾《けいざんじょうきん》であった。紹瑾の名前は、道元ほど知られていないし、曹洞宗以外の人にはその存在さえ認識されていないかもしれない。だが、曹洞宗では、道元を「高祖」とするのに対して、紹瑾を「太祖」としており、両者をともに宗祖的な存在と位置づけている。紹瑾は、宗派を大きく発展させたという点で、浄土真宗における蓮如のような存在なのである。

紹瑾は、懐奘のもとで得度し、最初は比叡山にのぼって天台教学を学んだが、永平寺に戻り、義介が大乗寺に移った際にはそれに従っている。

道元は、ひたすら修行を実践することを重視し、永平寺の経済基盤の確立ということには関心をむけなかった。義介は、それでは禅の道場の運営が成り立たないとして、改革に着手したわけだが、紹瑾はこの義介の後を継ぎ、改革を推し進めた。

その際に紹瑾は、加持祈禱などの密教を取り入れ、神祇に対する祭祀も導入した。それは、現世利益の実現を求める武家などに信仰を広めるためだった。これによって、曹洞宗は、純粋禅から兼修禅へと、ちょうど臨済宗がたどったのとは逆の道をたどることになる。

紹瑾は、能登に永光寺《ようこうじ》と総持寺《そうじじ》という2つの寺院を開き、そこからは、多くの優れた弟子が輩出され、曹洞宗は各地に広まっていく。南北朝時代から室町時代になると、地方の豪族の庇護のもとに曹洞宗は大きく発展し、教勢は加賀や能登にとどまらず、越中から周《す》防《おう》、奥羽、西では近江《おうみ》、丹波、伯耆《ほうき》、備中《びっちゅう》、さらには九州にまで伸びていった。室町時代後半には、遠江《とおとうみ》、駿河、三河にも広がった。

ではなぜ、それほど曹洞宗は広がっていったのだろうか。そこにはやはり紹瑾の改革が生きていた。

紹瑾は、道元の『永平清規』を補うものとして、『螢山清規』を残している。禅寺での修行について、道元が十分に示さなかった部分を、紹瑾が補足したわけである。とくに両者の違いは、道元の清規がもっぱら個々の修行僧のための修行の方法について焦点をあわせたのに対して、紹瑾の清規では、禅寺に成立した僧団において、それぞれの日に、あるいはそれぞれの月にどういった修行を実践すればいいかが示されていたことにある。この『螢山清規』が、全国各地に誕生した曹洞宗の道場や寺院において活用されていく。

葬式仏教生みの親としての曹洞宗

紹瑾の『螢山清規』は、すでにふれたように、中国の『禅苑清規』の強い影響を受けている。『禅苑清規』には、悟りを開いて亡くなった僧侶のための「尊宿葬儀法」と、まだ修行段階にありながら亡くなった雲水のための「亡僧葬儀法」という2つの葬儀のやり方が示されていた。『螢山清規』では、後者が在家の一般信徒の葬儀に応用されたのである。

それが、もともと雲水のための葬儀の方法であったために、そこには、剃髪して出家したことにし、その上で戒律を授け、さらには戒名を授ける部分が含まれている。つまり、死者をいったん僧侶にするわけである。死後に出家するというのは、仏教の伝統的な考え方からはずれるが、この方法は定着する。そして、ここが極めて重要なことにもなってくるが、曹洞宗以外の他の宗派にも伝わっていく。

その点で、曹洞宗は、今日にまで受け継がれている「葬式仏教」の生みの親だということになる。

第1章でも述べたように、日本の仏教も当初は葬儀とはまったく関係をもたなかった。日本仏教が死の領域とかかわっていくのは、浄土教信仰が流行してからだが、曹洞宗で編み出された葬儀の方法を通して、故人の供養という領域に進出したことは大きい。曹洞宗が全国的に伸びていくのも、葬儀、法要という、それまでは仏教が積極的には扱ってこなかった領域を開拓していったからである。

曹洞宗が広がりを見せていくなかで、永平寺と大乗寺との関係も修復され、永平寺は曹洞宗の中心的な道場としての役割を果たすようになる。応安《おうあん》5（1372）年には、「本朝曹洞第一道場」という勅額《ちょくがく》も賜っている。

その後の曹洞宗に関係した人物としては、俗信徒ではあるが、江戸時代初期に活躍した鈴木正三《すずきしょうさん》がいる。正三は、三河の生まれで、もともとは武士であったが、参禅の経験を重ね、キリシタンを論理的に批判する『破吉利支丹《はきりしたん》』といった著作も書いている。

正三は、民衆の教化にもあたるが、その際には、念仏を取り入れたり、仁王や不動に対する信仰を組み込んだ「仁王不動禅」を提唱した。正三のもっとも重要な点は、世俗の労働に励むことがそのまま仏道修行になるという労働倫理を説いたことにある。

民衆教化ということでは、もう一人、江戸時代後期の僧侶、良寛《りょうかん》があげられる。良寛は越後国出雲崎《いずもざき》の出身で、諸国を遍歴した後、越後に戻り、寺をもたないまま、さまざまな活動を展開した。良寛は和歌、漢詩、狂歌、俳句、俗謡、書に巧みで、数多くの作品を残している。また、子どもたちとの交流が童話などに描かれ、その存在は広く親しまれている。

近代に入って、曹洞宗をめぐる大きな事件として、総持寺の焼失と移転ということがあげられる。紹瑾が能登に建てた総持寺は、曹洞宗の中心的な寺院として長く君臨していたが、明治31（1898）年、本堂から出火し、その火が、おりからのフェーン現象で全山に広がり、伽藍のほとんどが焼失してしまった。

それを機に、日本の中心である東京周辺への移転が計画された。地元の反対はあったものの、総持寺は、明治44（1911）年に現在地の横浜市鶴見区に移転している。能登の総持寺も復興され、現在では総持寺祖院となっている。

曹洞宗は大教団だけに、駒沢大学、愛知学院大学、東北福祉大学、鶴見大学、駒沢女子大学など多数の大学や短大を開設している。

しかし、永平寺と総持寺とが初期の時代に対立していたこともあり、曹洞宗のなかには、永平寺派と総持寺派という2つの派閥が存在している。永平寺派は「有道会」に結集し、総持寺派は「総和会」に結集している。永平寺と総持寺には異なる貫主がおり、宗門全体を代表する管長にはそれぞれの貫主が2年交替で就任している。

最近では、系列の多々良学園の破綻によって、宗門が金融機関から12億円の賠償を求められるという訴訟が起こっている。また、駒沢大学が資産運用で154億円の損失を出すといった事件も起こっている。曹洞宗が大教団であるということは、宗門に対して多額の上納金が入ってくることを意味する。それは本来宗門の運営や布教活動に使われるものだが、多額の金が入ってくると、とかく問題が起こりやすくなる。曹洞宗は、大教団ゆえの問題を抱えていると言える。

第8章

2度も流罪に処された日蓮 日蓮の日蓮宗

数多く映画や舞台が作られた開祖・日蓮

日蓮宗の宗祖である日蓮については、かなり固定化されたイメージがつきまとっている。ひとことで言えば、「戦闘的な宗教家」というイメージである。

その分、親鸞などに比べると、一般の評価、とくに知識人層の評価は必ずしも高くない。親鸞が、深く自己の世界に沈潜し、人間の抱える普遍的な苦や悪の問題に取り組んだ真摯な思想家ととらえられるのに対して、日蓮はひたすら他の宗派を攻撃した排他的で狂信的なアジテーターと見なされている。

実際の親鸞が、そのイメージと異なっているという点については、すでに第5章でふれたが、同じことは日蓮についても言える。日蓮の実像を追っていくと、戦闘的な宗教家というイメージとはかなり異なる側面が次々と出てくるのである。

そもそも、少し前の時代までは、数ある宗祖のなかで、日蓮はもっとも人気を集めていた。それを反映して、日蓮の生涯を描いた映画がくり返し制作されてきた。戦後のものとしては、長谷川一夫《はせがわかずお》が日蓮を演じた『日蓮と蒙古大襲来』や萬屋錦之介《よろずやきんのすけ》の『日蓮』がある。昭和33（1958）年に封切られた前者は、当時としてはまだ珍しい総天然色で、制作費は5億円にものぼった。戦前から戦中にかけても、日蓮の伝記映画は、それこそ毎年のように作られていた。

最近でこそ上演が途絶えているが、日蓮が登場する歌舞伎の作品もある。『日蓮上人御法海《にちれんしょうにんみのりのうみ》』がもっとも名高く、6代目中村歌右衛門《なかむらうたえもん》が出演した。能楽にも日蓮が出てくるものがある。『身延』、『鵜飼』、『現在七面《げんざいしちめん》』などで、これは中世から伝わるもので、現代の新作ではない。

これほど映像や舞台に登場する宗祖は珍しい。それは一つには、日蓮が2度も流罪になるなど劇的な生涯を送ったからである。とくに、戦前から戦中にかけては、国難を救う宗教家という側面がクローズアップされた。

もう一つの要素としては、制作する側に、日蓮信仰をもつ者が存在したということがあげられる。『日蓮と蒙古大襲来』と『日蓮』の映画を制作した大映のプロデューサー、永《なが》田《た》雅一《まさいち》は熱烈な日蓮信仰をもっていた。歌舞伎の『日蓮上人御法海』の原形となった人形浄瑠璃『日蓮聖人記』の作者、近松門左衛門《ちかまつもんざえもん》も日蓮宗（当時は法華宗と呼ばれた）の信徒だった。

能楽や歌舞伎に登場する日蓮には、戦闘的な宗教家という面影はない。ところが、戦前に、皇国史観と日蓮信仰を合体させた「日蓮主義」の運動が盛り上がりを見せ、そのなかで、敵国を調伏《ちょうぶく》し、日本を救う宗教家としての日蓮の姿が宣伝されたことで、そのイメージが変わってしまったのだ。

さらに、戦後の高度経済成長の時代に、創価学会をはじめ、立正佼成会《りっしょうこうせいかい》や霊友会《れいゆうかい》といった日蓮系の新宗教が、その勢力を急速に拡大し、活発な布教活動を展開したことも、日蓮のイメージを変えることにつながった。とくに創価学会の会員は、「折伏《しゃくぶく》」と称して、他の宗教や宗派を猛烈に攻撃した。その姿が、彼らが信奉する日蓮にも投映されてしまったのである。

「国が乱れるのは法然の浄土宗のせい」

現代の、ある歴史家が、日本の中世の人物で、その人柄がわかるのは数人にすぎないと指摘していたのを読んだことがある。その数人のなかに日蓮が含まれていた。歴史家は、その理由については述べていなかったが、日蓮は、膨大な量の書き物を残しており、そのなかには書き手の人柄が伝わってくる書状が多く含まれている。

そうした書状を読むと、日蓮の肉声が伝わってくるだけではなく、性格にかんしてもある程度推測することができる。それは、本書で取り上げた他の宗祖にはないことである。他の宗祖の場合、浄土系の法然や親鸞がその代表だが、絵巻物によってその人柄が伝えられている。ところが、絵巻物に描かれた宗祖は神格化されており、それを実像としてとらえるわけにはいかないのである。

日蓮の書いたものは、日蓮宗のなかで「（御《ご》）遺文《いぶん》」と呼ばれている。遺文のなかには、日蓮自筆のものも多く、それは「（御《ご》）真筆《しんぴつ》」と呼ばれている。この真筆のほかに、以前は真筆が存在したものの、明治８（１８７５）年の日蓮宗の総本山、身延山久遠寺《みのぶさんくおんじ》の火災で焼失したものがあり、それは「曾存《そうぞん》（かつてあったという意味）」と呼ばれている。

さらに、それ以外に、写本としてしか伝わっていないものがある。この写本の類にかんしては、日蓮が書いたものなのかどうか疑わしいものがあり、どれを日蓮自筆と認めるかでは議論が分かれている。

しかし、真偽の問題がつきまとう写本の類をいっさい含めないとしても、真筆と曾存だけでかなりの量があり、そこからは日蓮の人となりが伝わってくる。決してそれは戦闘的な宗教家というイメージに合致するものではないのである。

日蓮は、承久《じょうきゅう》４（１２２２）年、安房国長狭郡《あわのくにながさのごおり》東条郷《とうじょうごう》方海、今の天津小湊町小湊で生まれた。日蓮自身、「海女が子なり」と記しており、漁民の子であったと考えられる。だが、遺文に示された文筆の才能や教養から考えると、ただの漁民の家に育ったとは考えにくい。実際、かなり知的な環境で育ったのではないかという説もある。

日蓮の生涯については、30代後半になるまでのことは必ずしも明らかになってはいない。本人も記していないし、他に資料が存在しないからである。小湊から少し内陸に入った清《きよ》澄寺《すみでら》に幼くして入ったことは間違いないが、比叡山にのぼったかどうか、それを証明する資料がない。だが、その学識や、「天台沙門《てんだいしゃもん》」と名乗っていたことからすると、20代から30代はじめにかけて、延暦寺の学僧だったに違いない。

日蓮は30代半ばで、幕府がおかれた鎌倉に出てきた。そして、正嘉《しょうか》元（1257）年に鎌倉を襲った大地震を経験している。その後、風水害や飢饉にも遭遇し、そのなかで、こうした災害が起こり、国が乱れるのは、間違った仏法を説く法然の浄土宗が巷に跋扈《ばっこ》しているせいだと考えるようになる。

第4章でも見たように、当時法然を批判し、攻撃したのは日蓮だけではなかった。南都北嶺は、法然の専修念仏に対して激しい批判を展開し、それが念仏の停止、さらには法然とその門下の流罪と死罪に結びついた。日蓮も、比叡山で学んだ学僧として、あくまで天台宗の立場から法然を批判していた。

中国天台宗の宗祖は天台大師智顗である。智顗は、「教相判釈」と呼ばれる経典の体系化を試みた。智顗は、『法華経』になってはじめて釈迦は本当の教えを説くようになったとし、『法華経』にこそ最高の教えが示されていると主張した。その立場からすれば、法然の依拠した『阿弥陀経』や『無量寿経』は、「方便《ほうべん》」の教えしか示されていない不十分な経典、「不了義経《ふりょうぎきょう》」だということになる。

日蓮は、その後、法然の浄土宗だけではなく、他の宗祖や高僧、宗派を批判するようになっていくが、亡くなるまで、智顗とその教えを日本に伝えた伝教大師最澄については、それを高く評価し、自分の仏典についての理解が、この二人にもとづくものであるという立場を変えなかった。その点で日蓮は、最後まで天台の枠から外れることはなかったと言える。この点は、後の日蓮宗で天台教学が重視されたことにも影響していく。

伊豆への流罪と、的中した予言

日蓮が、たんに教学の立場から法然批判をくり広げていただけなら、大きな問題は起こらなかったかもしれない。だが日蓮は、自分の考えを『立正安国論《りっしょうあんこくろん》』という文書にまとめ上げ、それを鎌倉幕府の前の執権だった北条時頼に提出した。時頼とは実際に面談もしている。つまり、日蓮は幕府の最高権力者に直談判に及んだのだ。

この事実が公になると、鎌倉周辺の浄土宗の信徒は激しく日蓮を攻撃し、ときには暴力に訴えることもあった。浄土宗の側には弾圧された経験がある。日蓮の時頼への訴えは、彼らにとって自分たちを危険にさらすものに映ったに違いない。

結局日蓮は伊豆へ流罪になる。第5章でもふれたように、伊豆は、源頼朝も流された「遠流の地」であった。日蓮自身は、自分が流罪に処せられたのは、幕府の重鎮で、前の章でもふれた北条重時の差し金であったと述べているが、真相ははっきりしない。

伊豆への流罪は2年で許される。日蓮は、いったんは故郷安房へ戻るものの、再度、鎌倉に出てくる。日蓮の周囲には門人も生まれており、その活動は広く支持されるようになっていくが、日蓮は、念仏宗だけではなく、空海の真言宗に対する批判を強め、周囲の宗教家と論争をくり広げるようになる。

一つ重要なことは、文永《ぶんえい》5（1268）年のはじめに、その勢力を急速に拡大していた蒙古から鎌倉幕府のもとに国書が届いたことである。幕府はそれを拒否するが、それは蒙古が侵略してくる可能性が高まったことを意味した。

日蓮は、時頼に提出した『立正安国論』のなかで、浄土宗の流行を放置しておくならば、日本は「他国侵逼難《たこくしんぴつなん》」と「自界叛逆難《じかいほんぎゃくなん》」に見舞われると予言していた。前者は、異国が日本を侵略するというもので、蒙古の国書が到来したことで、その予言は的中した形になった。後者は、自国に叛乱が起こるとするものである。

宗教家には予言はつきもので、古今東西を問わず、多くの宗教家が神仏からのメッセージを取り次ぐ形で、世の終わりが近づいているとする終末論的な予言を行ってきた。そうした予言は、必ずや外れる。ところが、日蓮の場合には、偶然にも的中した形になってしまった。日蓮が蒙古の動向について何らかの情報を得た上で、他国侵逼難を唱えていたとは思えないので、これは偶然のことであったが、日蓮の運命はこれで変わっていく。

日蓮2度目の流罪で書いた『開目抄』『観心本尊抄』

その点で、日蓮は、世界の宗教の歴史のなかでも希有な、予言を的中させた予言者ということになる。だが、的中させたからといって、周囲から高く評価されたわけではない。むしろその逆で、日蓮の他の宗派に対する批判が激化したこともあり、周囲との軋轢《あつれき》は増し、日蓮は2度目の流罪に処せられる。しかも今度は、冬の佐渡に流されたのだった。

佐渡は、海の幸や山の幸に恵まれたところではあるが、冬は厳しい。日蓮自身が記しているところによれば、住むことを許された草庵は雪に埋もれ、冬の寒さを防げなかったばかりか、与えられた食糧も乏しく、相当にきつい生活が続いたらしい。

そのなかで日蓮は、『開目抄《かいもくしょう》』と『観心本尊抄《かんじんほんぞんしょう》』という2つの大著を書き上げている。日蓮宗のなかには、「佐前佐後《さぜんさご》」という言い方があり、日蓮の思想は佐渡に流罪になる以前（佐前）と、それ以降（佐後）では大きく変化し、深められたととらえられている。

佐渡での日蓮は、自分が天台の立場にのっとって正しい主張を展開しているにもかかわらず、なぜ迫害を受けなければならないのかという矛盾について深く考えを進めていった。

そのなかで、自分は前世において、『法華経』を誹《そし》るという重大な罪を犯しているという認識に到達するとともに、いかなる迫害を受けても『法華経』の教えを世に伝えていく「法華経の行者」としての自覚を得るに至る。それは、『開目抄』の終わりにある「我日本の柱とならむ」ということばに示されている。

さらに日蓮は、「南無妙法蓮華経《なむみょうほうれんげきょう》」という題目に、『法華経』の教え全体が示されているという立場をとり、題目を唱える唱題を強く勧めるようになる。そして、中心に「南無妙法蓮華経」と大書し、その周囲に神仏の名を配した字による曼荼羅を描くようになる。これは、日蓮宗において「本尊曼荼羅《ほんぞんまんだら》」と呼ばれ、本尊として位置づけられるようになっていく。この本尊曼荼羅のなかには、何枚もの紙を用いた巨大なものもある。

題目に『法華経』のエッセンスが込められているという日蓮の主張を正当化する上で大きな役割を果たしたのが「一念三千《いちねんさんぜん》」の教えだった。「一念三千」ということばは、『法華経』自体には出てこない。そのことばを使ったのは智顗である。ただし、『摩訶止観』という著作のなかでたった一度だけだった。

ところが、中国天台宗の第六祖にあたる湛然《たんねん》が、一念三千こそが智顗の究極の教えであるという立場をとるようになる。日蓮はこの湛然に従って一念三千こそが『法華経』の根本的な教えであるという立場をとった。一念三千とは、煩悩にまみれた個人のこころのなかに世界のすべてが備わっており、そのなかには仏界も含まれるとする考え方である。日蓮は、これにもとづいて、唱題さえ実践すれば成仏が実現できると解釈した。

他宗派への徹底した批判と、法華経への解釈

こうした題目や唱題のとらえ方は、日蓮が徹底的に批判してきた法然における「南無阿弥陀仏」の念仏やその念仏行と共通するもので、日蓮がそこから影響を受けた可能性があ

る。そして、題目の意義の強調は、日蓮宗の信仰を庶民に広げる上で重要な役割を果たすようになっていく。題目さえ唱えれば成仏できるなら、難しい教えを学ぶことも、苦しい修行を実践する必要もないからだ。

日蓮はまた「久遠実成《くおんじつじょう》」ということを言い、釈迦ははるか昔に悟りを開き、それ以来、衆生の救済にあたってきたとする考え方をとった。これは、釈迦を一神教における唯一絶対神に近いものとしてとらえる考え方である。それは、一念三千とともに日蓮独自の思想であり、それゆえに他の仏教者には認めることができない教えであった。

日蓮は、「念仏無間《ねんぶつむけん》、禅天魔《ぜんてんま》、真言亡国《しんごんぼうこく》、律国賊《りつこくぞく》（これは「四箇格言《しこかくげん》」と呼ばれる）」と主張し、他の宗派を徹底して批判、否定したが、一念三千や久遠実成というとらえ方は、逆に他の宗派から批判、否定されるものであった。

日蓮は、『法華経』に独自の解釈を施すことによって、他の宗派と衝突せざるを得ない教えの体系を築き上げていった。それは、日蓮宗の排他性に発展していくことになるし、戦闘的な宗教家としての日蓮像を作り上げることにも貢献した。

ただ、こうした教えを純粋に徹底させようとする姿勢は、佐渡への流罪という特殊な状況が生み出したものである。流罪を許され、甲斐国の身延へ落ち着いてからの日蓮は、本尊曼荼羅を描き続け、『法華経』に釈迦の究極の教えが示されているという立場は変えなかったものの、『開目抄』や『観心本尊抄』で展開された一念三千の教えなどにはほとんど言及しなくなる。

身延の日蓮のもとでは、50人前後の弟子たちが一緒に生活するようになる。そこには日蓮宗という教団の萌芽が見られる。その教団を経済的に支える信徒も各地に生まれていた。日蓮は、この時期、信徒に対して数多くの書状を書いているが、そこには、布施に対する礼が記されるとともに、相手の理解の程度に応じる形で懇切丁寧に教えが説かれていた。そうした書状の数々に目を通すと、すでに述べたように、日蓮がどういった人物であったかが伝わってくるのである。

日蓮が流罪を許された文永11（1274）年には、最初の蒙古襲来である「文永の役」が起こる。その後も、蒙古からの使者を幕府が斬り捨てるという出来事が起こり、弘安《こうあん》4（1281）年には、2度目の蒙古襲来である「弘安の役」が起こっている。

日蓮の予言は次々と的中したことになっていくものの、依然として『立正安国論』で述べたことが幕府に受け入れられることはなく、かえって3度目の流罪の噂が立ったり、駿河国富士郡熱原《あつはら》（現在の静岡県富士市厚原）にいた日蓮の門弟が弾圧を受けるという事件も起こった。

日蓮自身は、50代の後半から激しい下痢に悩まされるようになる。弘安5年、病気療養のため常陸の湯に向かう途中、武蔵の国の信徒、池上宗仲《いけがみむねなか》の館で亡くなる。享年61（満60）歳だった。現在そこには、日蓮宗の大本山、池上本門寺《いけがみほんもんじ》が建てられている。

6人の弟子たちと、その後

日蓮は、亡くなる際に、日昭《にっしょう》、日朗《にちろう》、日興《にっこう》、日向《にこう》、日頂《にっちょう》、日持《にちじ》の6人を直接の弟子と定め、後事を託す。彼らは「六老僧」と呼ばれるようになり、9年間にわたって日蓮が住んだ身延に墓所を作り、そこに身延山久遠寺を建立した。六老僧は、順番でその墓守にあたることになっていたが、近くにいた日興にもっぱらその役割が負わされた。けれども、地頭の波木井《はきい》氏と不和になった日興は富士に移り、そこに大石寺《たいせきじ》を建てる。

その日興の系統を引く門流は「富士門流（興門派）」と呼ばれるようになる。他にも、他の老僧の後を継ぐ形でいくつかの門流が形成されていく。門流のあいだでは日蓮の教えに対する理解で隔たりがあり、大きく「勝劣派」と「一致派」に分かれた。勝劣派は、『法華経』の後半の本門にこそその教えの本質が示されているという立場をとり、一致派は、前半の迹門《しゃくもん》と本門とは一体であるという立場をとった。

その後大きく発展していくのは、久遠寺や本門寺、そして鎌倉の比企谷妙本寺《ひきがやつみょうほんじ》を拠点とした一致派の方で、これが日蓮宗の主流派を形成していく。勝劣派の富士門流は、宗祖日蓮を崇拝の対象とする「日蓮本仏論」を唱え、さらにいくつもの門流に分裂していくことになる。

日朗の門流のなかで、布教の面で大きな功績をあげたのが日像であった。日像は、最初は日朗に師事し、その後日蓮の直弟子になった。そして、日蓮の死後に京都へ出て、そこで布教活動を展開する。京都は比叡山延暦寺のおひざ元であり、日像はその圧迫を受け、3度も院宣によって京都から追放される。

それでも、元亨元（1321）年、今小路に妙顕寺《みょうけんじ》を創建する。その土地は後醍醐天皇が寺領として寄進したもので、3年後には勅願寺になり、やがて四条櫛笥《くしげ》に移転するが、何度も破却と再建をくり返していく。それでも、妙顕寺を拠点にして、日蓮の教えは近畿、北陸、西国、あるいは奥羽へと広がっていく。

現代でも使われる用語に「不惜身命《ふしゃくしんみょう》」がある。相撲の貴乃花が横綱に昇進する際、口上で使ったものだが、これは『法華経』に由来する。自分の命をなげうつという意味で、日蓮宗では、このことばに従って、危険を冒してまで布教に自らのすべてを賭ける人間が輩出されていった。

その代表が室町時代の日親である。日親は、最初中山法華経寺《なかやまほけきょうじ》に入るが、その後そこを離れ、鎌倉、京都、肥前などで活動する。日親は激しい折伏を行ったことから、門流から破門されたり、迫害を受けたりした。拷問を受けた際に、焼けた鍋をかぶったまま説法を行ったという伝説が生まれ、そこから「鍋かぶり上人（日親）」と呼ばれるようになる。日親は、「不受不施《ふじゅふせ》」の考え方を説き、それを実践したことでも知られる。

すでに見たように、日蓮は他の宗派の信仰を真っ向から否定したが、日蓮の死後には、他の宗派に対して寛容な門流も出てきた。日親のいた中山法華経寺はその代表で、日親は、それに逆らって、日蓮の教えに立ち戻るため、他の宗派の信者からは布施を受けず、供養もしないという不受不施の立場をとった。これが後に不受不施派を生むことにつながっていく。不受不施派は、江戸時代に、キリシタンと同様禁教とされ、厳しく弾圧される。

庶民層に広がった日蓮信仰

京都に進出した日蓮宗は、公家や武家のあいだにも広まっていく。だが、一方でその信仰は町人や農民などの庶民層にも広がり、その支持を集めていく。その際には、題目が武器になった。日蓮自身は、深く仏法に通じた学僧であり、あまたの経典を渉猟《しょうりょう》した上で自己の思想を組み立てていったが、「南無妙法蓮華経」の題目を唱えれば、現世において利益がもたらされるという信仰が京都の町衆のこころをつかんだのだった。

京都では、比叡山からの迫害があったものの、日蓮宗の信徒たちは「法華一揆」として結束し、戦国大名や「一向宗」と呼ばれた本願寺の門徒と対抗した。その後、日蓮宗の信徒による一揆は、天文5（1536）年の「天文法華の乱」で敗れ、信徒は追放されて、6年にわたって日蓮宗の信仰が禁教となる。

ただし、その後許され、復興が進んでいった。それを反映し、本阿弥光悦《ほんあみこうえつ》と俵屋宗達《たわらやそうたつ》にはじまり、後に「琳派《りんぱ》」と呼ばれるようになる造形芸術の流れに属する京都の町衆の多くは日蓮宗の信仰をもっていった。

天正《てんしょう》7（1579）年には、織田信長の安土城下において、日蓮宗と浄土宗とのあいだで法論が戦わされ、これは「安土宗論《あづちしゅうろん》」と呼ばれる。公の場での他宗派との法論は、生前の日蓮が強く望んだことではあったが、日蓮宗はこの法論に敗れる。そこには、日蓮宗の排他性を嫌った信長の意向が働いていたともされるが、その後も、日蓮宗は浄土宗や浄土真宗と法論をくり広げていく。

江戸時代に入ると、日蓮宗のなかには、比叡山が焼き討ちにされた結果、天台宗の僧侶が流れ込んだ影響もあり、天台教学を中心に研鑽されるようになる。それでも江戸時代中期になると、天台宗と日蓮宗の教学を区別するような動きも生まれていく。

一方、江戸幕府がおかれた江戸では、庶民層のあいだに日蓮宗の信仰が広まっていく。それは、京都の町衆のあいだに広まったときと共通するが、その際に、日蓮宗独自の祈禱が信仰を集める上で大きな役割を果たす。

日蓮は、空海の真言宗や、天台宗のなかでも密教を重視した円仁や円珍を批判し続け、密教の修法を否定した。その伝統は中世にも受け継がれたが、近世に入ると、日蓮宗のなかでも加持祈禱が行われるようになる。日蓮宗に特徴的なのは、「木剣《ぼっけん》」をふるって浄霊や祈禱を行うことにあり、身延山を中心とした身延山流と中山法華経寺を中心とした中山流が台頭した（身延山流の方は明治時代に衰える）。

密教的な実践が行われることによって、日蓮宗のなかでは、北極星を神格化した妙見菩薩《みょうけんぼさつ》や、『法華経』に登場する鬼子母神《きしもじん》や十羅刹女《じゅうらせつにょ》などに対する信仰がもち込まれていった。江戸の庶民層に広まったのも、こうした形で日蓮信仰が現世利益を生む構造が作り上げられたことによる。さらに江戸庶民のあいだでは、日蓮を崇拝の対象とする「祖師信仰」も広がった。同じく庶民層に広がった浄土真宗の場合も共通するが、近世以降の日蓮宗寺院では、日蓮像を祀る祖師堂が伽藍の中心になっていく。

日蓮信仰が庶民層に広がっていくなかで、「法華講」が組織された。法華講の特徴は、一般の寺院とは異なり、在家ばかりによって構成されるところにある。近代に入るとこうした法華講を母体に、日蓮系の新宗教教団が組織されていく。

戦前において、法華系の在家仏教団体として大きな力をもったのが、田中智学《たなかちがく》が創設した「国柱会《こくちゆうかい》」であった。田中は、皇国史観と日蓮信仰とを合体させた「日蓮主義」の運動を牽引する指導者として活躍し、多くの信奉者を生んだ。そのなかには、満州事変を引き起こした石原莞爾《いしはらかんじ》や、詩人で童話作家の宮沢賢治も含まれる。

創価学会と日蓮宗の関係

戦前の日本社会において、大東亜共栄圏を実現するためのスローガンとして「八紘一宇《はっこういちう》」が謳われたが、それを最初に提唱したのは田中であった。また田中は、天皇が法華信仰をもつことによって「国立戒壇《こくりつかいだん》」が建立され、「広宣流布《こうせんるふ》」が実現されると説いた。この考え方は戦後の創価学会に引き継がれるとともに、日蓮宗自体にも影響を与えた。というのも、日蓮の思想のなかには、「本門の戒壇」の実現ということがあり、それが国立戒壇と重ね合わされて理解されたからである。

創価学会は、戦前に「創価教育学会」としてはじまるが、創立者の牧口常三郎《まきぐちつねさぶろう》が治安維持法違反などでとらえられ、獄死したために、壊滅的な打撃を受けた。それを戦後、創価学会として再興したのが戸田城聖《とだじょうせい》であった。戸田は、唱題と折伏によって現世利益が実現されると説き、瞬く間に会員を増やしていった。

創価学会が、その後巨大教団に発展していくのは、高度経済成長がはじまり、急速な都市化が進むなかで、新たな都市民を教団に取り込むことに成功したからだが、昭和30（1９５５）年には、創価学会の幹部と日蓮宗の僧侶が北海道の小樽で法論を戦わせた「小樽問答」という出来事が起こった。

この小樽問答には、創価学会も日蓮宗も多数の信徒を動員し、論争は激しいものになったが、判定者が用意されておらず、本来は勝ち負けがつかないものであった。ところが、当時参謀室長の地位にあった池田《いけだ》大作《だいさく》が、創価学会側の司会の立場を利用して創価学会の勝利を宣言したことで、日蓮宗が法論に負けたというイメージが形成された。その後、日蓮宗は創価学会との法論を禁じる。

この出来事は、日蓮宗にとって「トラウマ」となり、創価学会に対する警戒心を強めることに結びつく。そして、戦後の日蓮宗の大きな課題は、創価学会対策におかれることになる。

日蓮宗は、4661カ寺で信者数は385万3616人に及んでいる。宗教法人を単位とすると、この数は、曹洞宗、浄土真宗本願寺派、真宗大谷派、浄土宗に次いで多い。しかも、日蓮宗本体以外の各派もかなりの数の信者を抱えている。主なところをあげれば、次のようになる。

顕本法華宗　10万1419人
法華宗（本門派）　49万1150人
法華宗（陣門派）　18万5501人
法華宗（真門派）　9万7000人
日蓮宗不受不施派　3万2535人
日蓮本宗　4万9801人

日蓮法華宗　9万5944人
本派日蓮宗　1万6855人
法華日蓮宗　3万5130人
正法法華宗　2万5495人

これを全部あわせると500万人近くに達する。次の章で述べる日蓮正宗を加えれば、500万人を確実に超える。日蓮宗も、かなり大きな勢力を誇っていることになる。だが、教義の違いなどをめぐって対立が起こり、それが多数の分派の原因になっている。

第9章 その他の宗派（融通念仏宗、時宗、日蓮正宗）、そして新宗教と葬儀

浄土系ながらシンプルさに欠ける良忍の融通念仏宗

ここまで、日本に存在する主な仏教宗派を8つ取り上げてきたが、他にも、規模は小さいものの特色のある宗派が存在している。この章では、そのなかから3つの宗派を取り上げることにする。

その後で、新宗教との関係についても言及する。既成宗派のなかには特定の新宗教の教団と密接な関係をもっているところがあるからだ。

そして最後に、宗派と葬儀との関係にふれる。

まず、3つの宗派だが、それは融通念仏宗、時宗、そして日蓮正宗である。融通念仏宗と時宗は浄土系の宗派だが、浄土系のなかで規模の大きな浄土宗や浄土真宗の流れとは異なり、その発生も歴史も独自のものである。

日蓮正宗は、その名前が示すように日蓮系の宗派だが、一時、日本で最大の新宗教の教団である創価学会と密接な関係をもっていた。その点で重要な宗派である。

融通念仏宗の宗祖は、平安時代後期の良忍である。良忍は、延久《えんきゅう》4（1072）年、尾張国（現在の愛知県）富田の領主、秦実房の子として生まれ、12歳のときに比叡山にのぼって出家した。比叡山では、東塔常行三昧堂の堂衆となり不断念仏を実践した。これは、後の親鸞と共通している。良忍の場合には、20代のはじめに比叡山を下りて大原に隠棲した時代に、経文などに節をつけて唱える声明《しょうみょう》の統一をはかり、「大原声明」を大成させた。これが、後の称名念仏の実践に結びついていく。

ただ、比叡山にいた時代に、良忍は、天台の教学や密教についても学んでおり、さまざまな仏教の教えを学ぶ兼修の伝統の上にあった。したがって、後に成立する融通念仏宗においては、『華厳経』と『法華経』が中心的な経典に採用され、浄土信仰を説く『浄土三部経』はそれに次ぐ経典に位置づけられた。

良忍は、永久《えいきゅう》5(1117)年に阿弥陀仏を拝んでいたときに、その阿弥陀仏からお告げを下される。それは、一人の念仏が万人の念仏に通じ、反対に万人の念仏が一人の念仏に通じるというものだった。つまり、念仏の信仰を広めていくことで、多くの人間が浄土に生まれることができるというわけである。これが「融通念仏」の教えであり、良忍は、貴賤を問わず多くの人間に念仏を勧め、結縁した人々の名前を記帳していった。

鎌倉時代末期の正和《しょうわ》3(1314)年には、良忍の生涯を描いた『融通念仏縁起《ゆうずうねんぶつえんぎ》』という絵巻物が成立する。すでに述べたように宗祖の生涯を描く絵巻物の成立は浄土系の大きな特徴である。その『融通念仏縁起』のなかには、天治《てんじ》2（1125）年に良忍が鞍馬寺《くらまでら》に参籠したとき、毘沙門天が記帳に加わり、それに続いて諸天などの神々がその名を記したという場面が登場する。

これは伝説の類になるが、良忍自身は、諸国をめぐって勧進を行い、聖徳太子ゆかりの四天王寺での夢告で、摂津国（大阪府）住吉の修楽寺を融通念仏の根本道場として、そこにとどまる。後に融通念仏宗の総本山となる大念仏寺《だいねんぶつじ》である。

良忍は、天承《てんしょう》2（1132）年大原来迎院《らいごういん》で亡くなっているが、浄土宗の宗祖法然が生まれたのはその翌年である。称名念仏の実践ということでは、良忍は法然の先駆者ということになるが、その教えにはさまざまな要素が含まれ、法然の専修念仏のような、念仏さえ唱えれば往生がかなうというシンプルさを備えていなかった。そこが、融通念仏宗が浄土宗ほど広まらなかった原因かもしれない。

実際、鎌倉時代に入ると、140年間にわたってその教えは途絶えてしまった。鎌倉時代末期に再興されるが、その後もくり返し途絶え、宗派としての基盤が固まるのは、大通《だいつう》という中興の祖があらわれる江戸時代の元禄《げんろく》年間（1688～1704年）のことだった。現在の信徒の数は12万4300人である。

踊り念仏、一遍の時宗も浄土系

もう一つの浄土系の宗派が時宗である。時宗という名はそれほど知られていないが、その宗祖となった一遍の存在はよく知られている。民芸運動をはじめた柳宗悦《やなぎむねよし》は、戦後、『南無阿弥陀仏』という本のなかで、一遍のことを法然や親鸞以上に念仏者として高く評価し、一遍再評価の先鞭をつけた。

一遍が活動した時代は日蓮が活動していた時代と重なり、鎌倉新仏教の宗祖のなかでは一番最後の時期にあたる。一遍は、延応元（1239）年に伊予国（愛媛県）の地方豪族の家に生まれている。幼少時代のことはよくわかっていないが、天台宗の寺で出家している。ただし、他の宗祖とは違い、比叡山にのぼって学ぶことはなかった。

建長4（1251）年には九州に赴き、浄土宗の章でふれた西山義（派）の聖達《しょうたつ》や華台《かだい》といった僧侶に学んだ。その期間は12年にも及んだというから、かなりその影響を受けたことだろう。

ところが、父親が亡くなると、故郷伊予に戻り、還俗している。これも、他の宗祖が父親の死を契機に出家しているのとは反対である。還俗しているあいだには結婚して、子どももうけたらしい。2度目に出家したのは文永8（1271）年のことである。

出家後は、信濃の善光寺へ赴いたり、伊予では岩の上にある行場で修行を行う。その後、伊予を立って、遊行《ゆぎょう》の旅に出ている。一遍は、その後生涯にわたって遊行を続け、一つの場所にとどまることはなかった。つまり、特定の寺を拠点にしたり、創建したりすることはなかった。そこには、一遍本人に教団を形成する意図も、その基盤を作り上げようという意向もなかったことを示している。

遊行しているあいだに、一遍は「御賦算《ごふさん》」と呼ばれる札を配った。それは、「南無阿弥陀仏」などと記した小さな札で、一遍はそれを60万人に配ることを目的としていた。

この活動だけなら、一遍の存在が広く知られることにはならなかったであろう。だが、弘安2（1279）年から「踊り念仏」をはじめ、それが一遍に対する世間の関心を高めることに貢献した。踊り念仏とは、念仏を唱えながら鉦や太鼓を叩き集団で踊るもので、その姿は、一遍の死後に作られる『一遍聖絵』に生き生きとした形で描かれている。

とくに弘安7年に一遍の一行が京都に上り、市屋というところで踊り念仏を行ったときには、貴賤を問わず、多くの人間がその場に集まってきた。この市屋という場所は、一遍の先駆者と言える念仏聖の空也ゆかりの場所だった。空也は踊り念仏の創始者ともされるが、空也自身が踊り念仏を行ったという証拠はない。

一遍の踊り念仏に加わった人間たちは、恍惚とした状態に陥って念仏を唱え続けたようで、そこには熱狂的な状態が生まれていた。こうした踊り念行を営む一遍のことは各地に知られるようになり、その到来が待望された。それによって、「一遍ブーム」が巻き起こった。一遍が亡くなったときには、跡追い自殺する者さえ出ている。

こうした形で生涯遊行を続けた一遍の死後には宗派が形成されるはずもなかったが、その弟子である他阿真教《たあしんきょう》が、解散した集団を再結成して各地を遊行した。それが時宗という宗派が生まれる土台になり、やがて神奈川県藤沢市の清浄光寺が本山となっていく。この清浄光寺は遊行寺としても知られる。現在、時宗の信徒数は5万8950人とかなり少ない。

創価学会を破門した日蓮正宗

最後に取り上げる日蓮正宗《にちれんしょうしゅう》は、かなり特殊な教団である。

『宗教年鑑』平成21年版では、信徒数は39万6000人で、日蓮宗のおよそ10分の1である。ところが、同じ『宗教年鑑』の平成2年版では、信徒数は1784万7000人となっている。この年、次に信徒数の多い宗派は曹洞宗の６９３万９８１４人だから、日蓮正宗はそれを１０００万人以上上回っていたことになる。この時点で、日蓮正宗は日本で最大の仏教宗派だった。

日本最大の仏教宗派が、なぜごく短期間のあいだに、１７５０万人近くの信徒を失ってしまったのだろうか。それは、創価学会の会員であった信徒をすべて破門にしてしまったからである。

日蓮正宗は、その名前が示すように、日蓮系の宗派である。日蓮宗の章で述べたように、日蓮の弟子の一人、日興の系統は「富士門流（興門派）」と呼ばれるが、日蓮正宗もこの門流に属している。富士門流は、『法華経』の後半にこそ釈迦の真実の教えが示されているとする勝劣派に属している。経典の勝劣を重視するということは、どうしても論争的になり、それが宗派の排他性に結びつく。日蓮正宗の総本山となっているのが、静岡県富士宮市にあり、日興を開基とする大石寺である。

その大石寺では、「本門戒壇之《ほんもんかいだんの》大御《だいご》本尊《ほんぞん》」が祀られている。これは、日蓮が書いた本尊曼荼羅を直接板に彫ったもので、「板曼荼羅」とも呼ばれている。日蓮正宗では、この板曼荼羅こそが究極の本尊であるという立場をとる。他に、日蓮の正しい教えは日蓮正宗の法主《ほっす》にのみ伝えられてきたという立場をとったため、日蓮宗とは対立せざるを得なくなる。

この板曼荼羅については、本物であるかどうかで議論があるが、創価学会の二代会長である戸田城聖は、これを「幸福製造器」と呼び、この本尊を拝みさえすれば現世利益《げんぜりやく》がもたらされると説いた。かつて創価学会の会員たちは、「登山《とざん》」と称して、この本尊を拝むために大挙して大石寺を参拝に訪れた。

創価学会が日蓮正宗とかかわりをもつようになるのは、戦前に創価学会の前身となる創価教育学会を設立した牧口常三郎が、個人的な縁で日蓮正宗の信仰をもつようになったからである。日蓮宗の章でも述べたように、日蓮信仰は在家の信徒によって担われてきた伝統があり、創価学会の組織はその延長線上にあるものだった。

戦後、新たに創価学会の会員となった人間は、そのまま日蓮正宗寺院の檀家となり、板曼荼羅を書写した本尊を授与された。その本尊を家庭の仏壇に祀り、その前で「南無妙法蓮華経」の唱題を行うことが、会員の第一のつとめとなった。これは、「勤行《ごんぎょう》」と呼ばれる。

創価学会は、会員から供養として金を集め、それを日蓮正宗に寄進した。日蓮正宗では、主にその金によって大石寺に巨大な建物を次々と建てていった。また、日蓮正宗の寺院を各地に開いていった。日蓮正宗は創価学会と関係をもつまで、小宗派にすぎなかったので、寺院の数が少なかった。

ところが、創価学会に入会した人間は同時に日蓮正宗寺院の檀家になり、そこで本尊を模写したものを渡される仕組みになっていたので、会員の増加にあわせて、寺院を増やす必要があった。そこで、300を超える日蓮正宗寺院が創価学会員の寄進で全国に建てられていった。

それでも、檀家の数の割に、寺院の数は少なかったため、一つの寺院の檀家の数は一万、あるいは二万を超えた。一般の宗派の寺院あたりの檀家の数は100の単位だから、いかに特異な事態かがわかる。しかも、檀家であるとは言え、寺の墓地に墓があるわけではなかった。破門された会員が簡単に離れてしまったのも、そうした形態をとっていたからである。

板曼荼羅を祀るため大石寺に昭和47（1972）年に建てられたのが正本堂である。日蓮正宗の信徒数が1700万人を超えるまでにふくらむのも、創価学会の会員数が急速に拡大していったことによる。また、創価学会の会員の子弟のなかには、出家して日蓮正宗の僧侶になる者も相次いだ。

ところが、会員の出した金の多くが、創価学会の組織を素通りして大石寺に渡っていくという構造に対して、創価学会のなかには不満が蓄積されていった。しかも、日蓮正宗の側は、出家の方が在家よりも上だという姿勢をとったことで、学会の側の反発を買うことになる。

そこで創価学会は、脱日蓮正宗の方向をめざすようになり、一度は独立に失敗したものの、平成2(1990)年には日蓮正宗に対して反旗を翻し、翌年には、日蓮正宗から破門になる。これによって両者は決別の道を歩むことになるが、日蓮正宗の信徒数が激減したのも、こうした出来事を経てのことである。

日蓮正宗は、創価学会の会員を破門にした後、創価学会やその頂点に君臨する池田大作名誉会長を激しく批判した。それは、創価学会の側も同じことで、両者のあいだには誹謗中傷合戦がくり広げられた。大石寺では、正本堂をはじめ創価学会の寄進した建物が取り壊され、改めて奉安殿などの巨大建築物が作られていった。

日蓮正宗が創価学会を破門にした当初の段階では、創価学会の会員のなかに日蓮正宗の信徒に留まる人間がかなり出るのではないかと予想された。だが、実際にはそれほど多くの人間が創価学会を辞めることにはならなかった。それが今日、日蓮正宗の信徒数が50万人を切るという事態をもたらしたのだった。

それでも、創価学会の教学というものは、破門後も根本的には変わらず、基本的に日蓮正宗の教学である「石山《せきざん》教学」を踏襲している。ただし、本尊の位置づけは変わり、大石寺の板曼荼羅に限定されなくなった。

真如苑、解脱会、阿含宗の場合

日蓮正宗と創価学会との関係に示されているように、既成仏教宗派と新宗教の教団とが密接な結びつきをもつ場合がある。

他にも、近年、その勢力を拡大している真如苑《しんにょえん》の場合もそうである。

真如苑を開いた伊藤真乗《いとうしんじょう》は、不動信仰から出発し、真言宗醍醐寺派の本山である京都の醍醐寺で出家得度した。醍醐寺は修験道の元締めで、伊藤も開祖としての立場にあるあいだは山伏姿で宗教活動を実践していた。

したがって、現在でも真如苑と醍醐寺との関係は密接である。真如苑の信仰は、醍醐寺の法流の一つ、真如三昧耶流《しんにょさんまやりゅう》として認められ、本山の境内には真如三昧耶堂が建立されている。

岡野聖憲《おかのせいけん》を開祖とする解脱会《げだつかい》も、やはり醍醐寺と密接な関係をもっている。また、阿含《あごん》宗《しゅう》の場合には、醍醐寺などの特定の寺院との関係はないものの、教団の中心的な行事である「阿含《あごん》の星まつり」は巨大な護摩を焚く行事であり、教団を開いた桐山靖雄《きりやませいゆう》以下、信徒たちは山伏姿で護摩焚きに参加する。

新宗教の教団は、それまでにないまったく新しい信仰を説くわけではなく、既存の信仰世界を基盤にしている。そこから既成仏教宗派との関係が生まれるわけで、他にも、創価学会以外の日蓮系の新宗教教団の場合には、日蓮宗の総本山である身延山久遠寺へ集団で参拝したりしている。

宗派による葬儀の違い1――お経

本書の「はじめに」でも述べたように、一般の人たちが仏教宗派について意識するのは、葬儀を出すときである。家の宗旨が何かをたしかめた上で、どの宗派の僧侶に葬儀の導師を依頼するかを決定する。たとえ、特定の菩提寺がなかったとしても、実家と同じ宗旨を選ぶことが多い。

では、宗派によって葬儀のやり方に違いはあるのだろうか。

まず、葬儀で読まれる経典、つまりは「お経」の違いについて述べておきたい。

意外に思われるかもしれないが、すべての仏教宗派において共通に読まれる経典は存在しない。『般若心経』は、仏典のなかでもっともポピュラーであり、葬儀でも読まれることが多いが、それは天台宗、真言宗、臨済宗、曹洞宗に限られ、浄土宗や浄土真宗、日蓮宗では基本的に読まれない。

『般若心経』についで多くの宗派で読まれるのが、『法華経』のなかの「如来寿量品《にょらいじゅりょうほん》」の内容を要約した「自我偈」で、天台宗、真言宗、曹洞宗、日蓮宗で読まれる。『観音経《かんのんぎょう》』を要約したものが「世尊偈」で、これは天台宗、真言宗、臨済宗、曹洞宗、日蓮宗で読まれる。『観音経』はもともと『法華経』の「普門品《ふもんぼん》」が独立したものである。

浄土系の宗派、つまりは浄土宗や浄土真宗で読まれるのが、『無量寿経《むりょうじゅきょう》』の最初の方に出てくるやはり偈文の「讃仏偈《さんぶつげ》」や真ん中の部分に出てくる「四誓偈《しせいげ》」である。

他に、短いものだが『延命十句観音経』は天台宗、真言宗、臨済宗、曹洞宗で読まれる。

観音菩薩は、『般若心経』や『観音経』にも登場する。やはり観音菩薩が関係するのが「大悲心陀羅尼《だらに》」で、これは「大悲呪」とも呼ばれ、『千手千眼観自在菩薩広大円満無礙大悲心陀羅尼』のなかにある陀羅尼（呪文）を抜き出したもので、天台宗、真言宗、臨済宗、曹洞宗で読まれる。

このように見てくると、天台宗、真言宗、臨済宗、曹洞宗では、読む経典がかなり共通していることがわかる。中国で作られたものではあるが、「舎利礼文《しゃりらいもん》」もこの4つの宗派で共通して読まれる。真言宗でだけ読まれるものに、『理趣経《りしゅきょう》』の「百字の偈」がある。『理趣経』は真言宗で重視される密教の経典である。

こうしたものの他に、日本の宗祖などが記した文が葬儀で読まれることがあり、これも一般の認識ではお経のなかに含まれている。

曹洞宗では、道元の『正法眼蔵』から抜粋した「修証義」や鎌倉時代後期から南北朝時代の僧侶で、螢山紹瑾の影響を受けた大智の「大智禅師発願文《だいちぜんじほつがんもん》」が読まれる。

浄土宗では、法然が亡くなる2日前に記した「一枚起請文」が読まれる。浄土真宗では、親鸞の『教行信証』行巻の終わりにある「正信偈《しょうしんげ》」や蓮如の「白骨の御文(御文章)」が読まれる。臨済宗では、白隠の「白隠禅師坐禅和讃」が読まれる。

葬儀における読経は、焼香のためのバックグラウンド・ミュージックであるかのようなとらえ方をされている面があり、実際、参列者の数によって長さが変わったりする。だが、どの経典が読まれるかは、宗派の教えや性格を示しており、そうした点を念頭において読経の声に耳を傾けてみるのも興味深いのではないだろうか。

宗派による葬儀の違い2——剃髪・授戒

曹洞宗の章で述べたように、現在の仏教式の葬儀の基本は、曹洞宗が作り上げたものである。修行の途中で亡くなった雲水を弔うための「亡僧葬儀法」が、一般の在家信徒の葬儀にも応用された。その際には、死者に対して剃髪をする真似をし、その上で戒律を授け、戒名を与える。それが葬儀のなかでもっとも重要な部分になっている。

この曹洞宗が開発した葬儀の方法は、臨済宗のような同じ禅宗だけではなく、他の系統の宗派にも伝わっていった。天台宗でも、真言宗でも、さらには浄土宗でも、剃髪と授戒を行う箇所が葬儀に含まれている。その上で、死者に戒名を授けるわけである。

戒名は、仏教徒になった証として授けられる名前であると説明されるが、それも、こうした形式が確立されているからである。しかし、宗派を超えて形式が共通しているということは、それぞれの宗派の葬儀の形式が、必ずしも宗派の教えにはもとづいていないことを意味する。

それに、亡くなった本人はもちろんのこと、遺族も、故人が葬儀において、たとえ形式的であるとはいえ、出家した形になっていることをはっきりとは認識していない。

実は、この曹洞宗に由来する葬儀の形式をとらない宗派がある。それが浄土真宗と日蓮宗である。浄土真宗の宗祖である親鸞は、浄土宗の宗祖法然に師事したが、その時代にはまだ、仏教式の葬儀の形式は確立されていなかった。

浄土真宗と日蓮宗に共通するのは、在家仏教の傾向が強いという点である。浄土真宗では、僧侶と在家とのあいだに根本的な区別はないとされ、僧侶は出家ではない。プロテスタントの牧師やイスラム教の法学者と同様に、近代以前から俗人として結婚し、家庭生活を営んできた。

日蓮宗の場合には、宗祖の日蓮が天台の教えに従って『法華経』を最高の経典とした点に示されているように、天台宗の影響が色濃いが、京都の町衆や江戸の庶民に広がったように、あるいは数多くの日蓮系の新宗教教団が生み出されたように、在家中心主義の傾向が強い。

したがって、浄土真宗でも、日蓮宗でも、死者を出家させるというやり方をとらないのである。

宗派による葬儀の違い3――戒名

戒名にかんしても、浄土真宗はそれを「法名」と呼び、必ず「釋《しゃく》(尼)」の字を含む。日蓮宗の場合には、基本的な形式は他の宗派と共通するが、「日(女性なら妙も)」の字を必ず含むところに特徴がある。

他の天台宗、真言宗、浄土宗、曹洞宗、臨済宗では、戒名の基本的な形式が共通しており、戒名を見ただけでは、どの宗派のものか区別がつかない。これも戒名が宗派の教えにもとづいていないことを意味する。

浄土宗においては、「五重相伝」という5日間にわたる特別な法会に参加した信徒に対しては、生前に戒名を授け、そのなかに「譽」の字を含める。ただし、有力な檀家に対しては、五重相伝を受けていなくても、誉号を与える傾向がある。

浄土宗にこうした制度が生まれたのも、江戸時代において徳川家が浄土宗に帰依したことが大きい。徳川家康の戒名は、「東照大権現安国院殿徳蓮社崇譽道和大居士」というものだが、そのなかには誉号が含まれている。

こうした歴史を反映し、浄土宗寺院の檀家には有力者が多い。たとえば、吉田茂首相の戒名は「叡光院殿徹誉明徳素匯大居士」で、池田勇人首相の戒名は「大智院殿毅誉俊道勇人大居士」である。あるいは、東急電鉄の社長をつとめ、日本商工会議所の会頭となった五島昇の戒名は「昇徳院殿英譽道淨生洪勲大居士」である。すべて院殿号である。

一方で、作家や芸能人、プロレスの選手などには日蓮宗の戒名を授かっている人間が多い。芥川龍之介は「懿文院龍之介日崇居士」で、井上靖は「峰雲院文華法徳日靖居士」、美空ひばりは「茲唱院美空日和清大姉」、夏目雅子は「芳蓮院妙優日雅大姉」、力道山は「大光院力道日源居士」、ジャイアント馬場は「顕峰院法正日剛大居士」である。

ここには、宗派の性格の違いが示されている。浄土宗は社会の上層階級に広がり、日蓮宗は都市に生活する庶民層に広がった。日蓮宗の章で、琳派に属する近世の芸術家、あるいは工芸家が日蓮信仰をもっていたことにふれたが、その傾向は、現代にまで受け継がれていることになる。

もちろん、宗派と社会的な階層が完全に一致するわけではない。また、地域の広がりも、かなり複雑で、どの宗派が特定の地域に多いかということは簡単には指摘できない。どの宗派が有力なのかはさまざまな事情で決まり、一概に宗派の地域性を特定することは難しい。北陸や広島が真宗地帯とされるのは、かなり特殊なケースである。

独自の宗派を形成してきた日本人の家と仏教の関係

序章でも述べたように、仏教の各宗派が固定化するのは、江戸時代において本山と末寺との関係が制度的に明確化されたことによる。そして、戦後に宗教法人法が施行されることで、宗派の本山とそれに包括される各寺院との関係はより明確なものになっていった。

逆に、江戸時代以前の段階では、宗派という枠組みは必ずしも厳格なものではなく、歴史の流れのなかでさまざまな事情から宗派を変える寺院も少なからず存在した。それぞれの寺院としては、経済基盤を確立していく必要があり、その時代において有力な勢力や大規模寺院の勢力下に入ることで、安定した基盤を確保しようとしたのである。

それぞれの人間が所属する宗派は、現在でも家を単位として決定される。個人が宗派を選ぶというケースはかなり希である。そこには、日本が「家社会」であることが反映されており、とくに葬儀を含む冠婚葬祭においては、家というものが現在でも大きな意味をもってくる。

逆に言えば、日本が家社会であり続ける限り、宗派というものが意味をもってくる。菩提寺と檀家関係を結ばない家が、とくに都市部では増えているが、宗派はそれぞれの人間のルーツとも関係しており、そう簡単には宗派意識は消滅していかない。まして、特定の菩提寺に墓があるという場合には、宗派とのかかわりは継続されていくことになる。

こうした仏教宗派とのかかわり方は日本に独自なもので、他の仏教国には見られないものである。戒名の制度が日本に独自なものである点も、それと関係する。したがって、日本で仏教の信仰が生き続けていく限り、宗派は何らかの形で存続していくことになる。

しかも、新しい宗派が生まれる可能性は乏しい。一番新しい宗派は、戦後に法相宗から独立した聖徳宗だが、これは、独自の教えをもつ新たな教団が誕生したものではない。江戸時代の黄檗宗の場合も、根本的には臨済宗であり、必ずしも新宗派が中国からもたらされたとは言えない。

これからも私たち日本人は、仏教宗派とかかわりをもちながら生きていくことになるだろう。その関係がどのように変化していくかは、まだ未知数である。ただ、ここまで見てきたことから明らかなように、日本における仏教の歴史を考える上で、宗派の存在は大きな意味をもっている。少なくとも、宗派によってその教えや性格はかなり違う。その点を押さえなければ、日本人にとっての仏教の意味を考えることもできないのである。

おわりに　浄土真宗はなぜ日本でいちばん多いのか

ここまで、日本にある仏教の各宗派を個別に取り上げ、その成立過程や特徴について見てきた。最後に、タイトルにもなっている、「浄土真宗はなぜ日本でいちばん多いのか」という問いに答えておく必要があるだろう。

本文のなかでも述べたが、浄土真宗には、浄土真宗本願寺派（西本願寺）、真宗大谷派（東本願寺）、真宗高田派、真宗佛光寺派などいくつかの派があり、信徒の総数は１２００万人を超えている。

この数は、日本の総人口のおよそ10分の1にあたる。一時は、創価学会の会員を抱え込んだ日蓮正宗の方が多い時期もあったが、現在では、浄土真宗が仏教宗派のなかで一番多い。明治に入る時点では、日本全体の３分の1が浄土真宗だったという話を聞いたことがある。

寺院の数で見ると、浄土真宗各派の寺院の総数は2万カ寺を超える。寺院の総数がおよそ7万7000カ寺なので、およそ26パーセントが浄土真宗の寺院だということになる。

したがって葬式に行ってみると、浄土真宗の僧侶が導師をつとめているという場合が少なくない。北陸や広島周辺の「真宗地帯」ならなおさらで、大阪や名古屋などの都市部にも多い。東京周辺では、寺院数自体はそれほど多くはないが、故郷の実家の菩提寺が浄土真宗だという人間は少なくない。それも、浄土真宗による葬儀に遭遇する確率が高い原因になっている。葬儀の際に、僧侶が説法を行うのも浄土真宗の大きな特徴である。

なぜこれほど浄土真宗は日本の社会に浸透しているのだろうか。

簡単に言えば、それは庶民の信仰だからである。

第9章の終わりで見たように、日蓮宗も信者に多くの庶民を抱えている。とくに近世の社会においては、京都や江戸において、当時法華宗と呼ばれていた日蓮宗は町衆や町人の信仰を集めた。一方、浄土真宗の方は、真宗地帯を中心とした地方の農民や漁民、職人などを信徒として取り込んだ。

この2つの宗派の葬儀の形式が、天台宗、真言宗、曹洞宗、臨済宗、浄土宗と違うのも、そのことが影響している。浄土宗と浄土真宗は、法然と親鸞が師弟関係にあり、同じ浄土教信仰を基盤にしているにもかかわらず、葬儀の形式となると、浄土宗では剃髪・授戒の部分が含まれるのに対して、浄土真宗ではそれがない。それを反映し、浄土真宗では授戒が関係しないので、戒名とは言わず、法名と呼ぶ。授戒した上での名前ではないというわけである。

それ以上に重要なことは、浄土真宗と日蓮宗においては具体的な救済の手段が備わっている点である。浄土真宗では、「南無阿弥陀仏」の念仏を唱えることが極楽往生に結びつくとされる。日蓮宗では「南無妙法蓮華経」の題目を唱えることで「利益《りやく》」がもたらされるとされている。他の宗派には、この念仏や題目に相当するものがない。

そのため、他の宗派においては、密教の儀礼である加持祈禱が救済手段として活用されている。天台宗や真言宗の教えに深く密教が浸透していることは知られているが、禅宗でも、とくに兼修禅の立場をとる場合には、密教が取り入れられている。浄土宗においてさえ、その総本山である京都の知恩院では、境内に火伏せの神として濡髪《ぬれがみ》大明神が祀られ、一年に一度、そこでは護摩焚きの大祭が営まれる。護摩焚きは密教の儀礼だ（このあたりのことについて、詳しくは拙著『神も仏も大好きな日本人』を参照）。

ただ、密教の場合には、その修行を経てきた専門家を必要とし、一般の信徒が加持祈禱を行うわけにはいかない。そこが、念仏や題目とは根本的に違う。念仏を唱える「称名《しょうみょう》」や、題目を唱える「唱題《しょうだい》」なら、誰もが容易に実践できる。これはまさに「易行《いぎょう》」であり、庶民にとってはわかりやすい信仰のあり方であり、実践の方法である。

しかも、ここで日蓮宗との違いが出てくるのだが、浄土真宗では、僧侶と俗信徒のあいだに断絶がない。浄土真宗では、宗祖である親鸞が「非僧非俗《ひそうひぞく》」の立場をとることを鮮明にし、自ら妻帯し、子どももうけた。僧侶の妻帯ということは、当時において決して珍しいことではなかったが、浄土真宗では、血縁を通して信仰が継承されるところに特徴がある。そのため、浄土真宗では、姻戚関係によってネットワークが広がっていった。これも、浄土真宗が強固な社会的基盤を確立する上で大きな意味をもった。

日蓮宗の場合には、宗祖である日蓮が『法華経』を重視し、その点で天台宗の影響を色濃く受けてきたこともあり、僧侶と俗信徒とのあいだは明確に区別されている。

日蓮宗の俗信徒は法華講を組織し、独自に信仰活動を実践し、それが近代においては日蓮系の新宗教へと発展していくことになる。その点では、日蓮宗でも、浄土真宗と同様に「在家仏教」としての性格が著しい。

だが、法華講はあくまで特定の寺院に所属しており、寺院を営むのはあくまで日蓮宗の僧侶である。創価学会が日蓮正宗と長年密接な関係をもち続けたのも、在家信者の組織としては、儀式の執行者としての僧侶を必要としたからである。創価学会の日蓮正宗からの決別は、在家仏教としての性格をより鮮明にしたものと見ることができる。

浄土真宗の場合には、さらに民衆を教化するための手段を開拓したところにも特徴がある。

まず、本文でも述べたように、親鸞の生涯は『親鸞伝絵』に描かれ、それは絵解きに用いられた。この絵解きを通して、浄土真宗の門徒たちは親鸞の生涯の歩みに接した。

さらに、「節談説教《ふしだんせっきょう》」が発達したのも、浄土真宗においてである。節談説教とは七五調のリズムを活用した芸能としての性格を併せ持つ説教の方法である。節談説教は近世以降に発展し、浄土真宗には節談説教を行う説経師が数多く輩出された。説教の場では、「受け念仏」が行われ、聴衆となった門徒たちは、「南無阿弥陀仏」の念仏で説経師の説教に答えた。これで、説教の場は陶酔を伴う盛り上がりを示していく。講談や落語などは、こうした節談説教をその源流にしている（節談説教の実演は、CD『節談説教　小沢昭一が訪ねた旅僧たちの説法』ビクター・エンタテインメントに記録されている）。

決定的なのは、浄土真宗の教えが極めてシンプルなことにある。その核にあるのが「他《た》力本願《りきほんがん》」の教えである。他力本願ということばは、「もっぱら他人の力をあてにすること」という意味で使われることも多いが、浄土真宗では、そうした解釈をとらない。

他力の対極にあるのが「自力《じりき》」である。自力は、自分の力で修行して悟りを得ようとする試みをさす。これに対して他力は、仏や菩薩の加護の力をさし、浄土真宗では、阿弥陀仏の本願に頼って成仏することを意味する。阿弥陀仏は、その過去世《かこぜ》において、衆生を救済する願いを立てたとされているのである。

節談説教においても、弥陀の計らいにすべてを委ねることこそが門徒の信仰の究極のあり方であるとくり返し説かれる。その本願を信じて念仏を唱えさえすれば、極楽往生がかなうというわけである。

日蓮宗の場合には、日蓮が「国家諫暁《かんぎょう》」をめざし、正しい仏法のあり方を理論的に追求していったこともあり、その教えは相当に複雑である。しかも、日蓮の考えを広めるために、信徒には「折伏《しゃくぶく》」という布教の実践も課せられる。したがって、教義のあり方をめぐって宗内で議論もあり、それが、本文でも述べたように一致派と勝劣派の分裂にも結びついた。日蓮宗の信仰が複雑な分、信徒にも教義の学習も求められる。そこで、浄土真宗の信仰のあり方とはかなり異なってくるのである。

このように、浄土真宗の場合には、庶民の信仰であるという点で徹底している。それは、他の宗派からすれば、正しい仏法から逸脱するものとしてとらえられるかもしれない。もし生前の日蓮が浄土真宗のことを知っていたとしたら、あるいはもっとも激しく批判したかもしれない。日蓮は、親鸞の存在を認識していなかったし、その時代にはまだ浄土真宗は宗派としての形成を果たしていなかった。

ただ、他力本願の教えなどは、あまりにシンプルであるがゆえに、近代社会における信仰のあり方としては、必ずしも十分な思想性を備えているとは言い難い。

ところが、浄土真宗の各派ではそれほど重視されていないが、近代には『歎異抄』の再発見ということが起こった。この書物に示された親鸞の宗教者としてのあり方は、近代社会においても十分に通用するものとして、とくにインテリ層から高い評価を受けてきた。それで、浄土真宗の門徒が増えたというわけではないにしても、仏教教団の近代化という難しい事柄を解決する可能性が示唆されたことは大きい。また、『歎異抄』の存在は、宗派の外にいる人間の関心を集めることにもつながったのである。

浄土真宗にしても、江戸時代には寺請制度のもとにあり、葬式仏教としての性格をもつようになっていく。他の宗派の場合にも同じで、葬式仏教という体制が確立されなければ、近代が到来して以降、仏教寺院が存続していくことはかなり難しかったかもしれない。

近年になっても仏教への関心は衰えず、有名な寺院には多くの人がつめかけている。しかも、寺参りは仕事から退いた年配者だけの趣味ではない。最近では、かえって若い人の方が仏教に関心をもち、各地の寺院を訪れている。

だがそれは、パワー・スポットとしての仏教寺院や、現世利益《げんぜりやく》を与えてくれる霊場としての寺院への関心にすぎないとも言える。学校では、仏教について通り一遍の知識しか与えてくれない。仏教の宗派ということについても、その内容を正しく把握している人は少ない。

葬式仏教ということにかんしても、最近では大きな変化が訪れている。『葬式は、要らない』(幻冬舎新書)でも述べたように、葬儀の簡略化が、とくに都市部を中心に進んでいる。それは、檀家離れでもあり、菩提寺をもたない家が増えている。

民間の霊園の経営主体は、たいがい宗教法人になっている仏教寺院になるが、「宗教・宗派問わず」という形で墓地が募集されることが多くなり、そこに墓を求めても、檀家関係を結ばないケースが増えている。檀家は本来、寺院を支えるスポンサーとしての役割を果たすものであり、檀家離れは、寺院の経済基盤を失わせることに結びついていく。この傾向は、これからもいっそう進んでいくことだろう。

それでも、こうした事態に対する危機意識は、宗派においても、それぞれの寺院においても、まだまだ乏しい。死亡者の数は増えており、その傾向はこれからも続く。死亡者が増えるということは、葬式の件数が増えるということでもあり、まだ仏教式の葬儀を選択する家が多いため、葬式仏教は一見安泰に見えるからである。

しかし、団塊の世代が消滅した後からは、死亡者の数は減っていき、葬式の件数の減少も進む。その頃には、葬儀の簡略化はいっそう進み、檀家離れも加速されていることだろう。その時点で、本格的な葬式仏教の危機が訪れるはずだ。

そのとき、仏教宗派のあり方というものはどのように変化しているのだろうか。今の時点では、それを予想することは難しい。あるいは、葬式を出すときにも、宗派をまったく気にしなくなっているかもしれない。そうなれば、実家や親戚に宗旨を問い合わせることもなくなるだろう。

そのとき、仏教の宗派というものは、いかなる意味をもつのだろうか。それを見通すためにも、その歴史やあり方を理解しておく必要がある。宗派の歴史は、日本人が仏教とどのようなかかわりをもってきたか、その格闘の歴史でもある。多様な仏教宗派が生まれ、それが現代にまで受け継がれているということは、それだけ日本人が仏教に多くを期待してきた証でもあるのだ。

参考文献

本書を書くにあたっては、さまざまな書物を参照したが、代表的なものだけをあげておく。

日本の仏教の歴史をふりかえるために手軽な書物が末木文美士『日本仏教史』（新潮文庫）である。これは、「思想史としてのアプローチ」と副題にあるように、思想的な展開が主に扱われている。天台本覚思想を一つの軸にしているところに特徴がある。

この本は、新潮社の大型本『図説　日本の仏教』に掲載されたものをまとめたものである。『図説　日本の仏教』は宗教美術の側面について詳しく、その点で貴重な本だが、品切れになっている。

各宗派の歩みにふれたものに、石田瑞麿『日本仏教史』（岩波全書）がある。内容はかなり学術的なもので、近世までが扱われている。日本仏教は中国仏教から多大な影響を受けており、その点では、同じ全書の鎌田茂雄『中国仏教史』が参考になる。

この本のなかで取り上げた宗祖をはじめとする宗教家の評伝としては、ミネルヴァ書房の「日本評伝選」のシリーズが最新の研究成果を盛り込んでいる。石井義長『空也』、小原仁『源信』、佐藤弘夫『日蓮』がある。最新のものとは言えないものも含まれるが、定評があるのが吉川弘文館の人物叢書で、そこには、坂本太郎『聖徳太子』、安藤更生『鑑真』、田村晃祐『最澄』、佐伯有清『円仁』『円珍』、速水侑『源信』、多賀宗隼『慈円』、赤松俊秀『親鸞』、重松明久『覚如』、笠原一男『蓮如』、大橋俊雄『一遍』、吉田久一『清沢満之』、多賀宗隼『栄西』、平久保章『隠元』、竹内道雄『道元』、大野達之助『日蓮』が含まれる。

私自身の著作では、神仏習合について論じた『神も仏も大好きな日本人』（ちくま新書）、多くの宗祖にも言及した『日本を騒がせた10人の宗教家』（静山社文庫）、日本の宗教美術の歴史を追った『日本宗教美術史』（芸術新聞社）などが参考になるはずだ。

著者略歴

島田裕巳《しまだひろみ》

一九五三年東京都生まれ。宗教学者、文筆家。

東京大学大学院人文科学研究科博士課程修了。

放送教育開発センター助教授、日本女子大学教授、
東京大学先端科学技術研究センター特任研究員を歴任。

主な著作に『日本の10大新宗教』『平成宗教20年史』

『葬式は、要らない』『戒名は、自分で決める』（すべて幻冬舎新書）、

『創価学会』（新潮新書）、『無宗教こそ日本人の宗教である』（角川oneテーマ21）、

『神も仏も大好きな日本人』（ちくま新書）等がある。

幻冬舎新書 249

浄土真宗はなぜ日本でいちばん多いのか

仏教宗派の謎

二〇一二年二月二十九日　第一刷発行
二〇一二年三月　三十　日　第四刷発行

著者　島田裕巳

発行人　見城　徹
編集人　志儀保博
発行所　株式会社　幻冬舎
〒一五一-〇〇五一　東京都渋谷区千駄ヶ谷四-九-七
電話　〇三-五四一一-六二一一(編集)
〇三-五四一一-六二二二(営業)
振替　〇〇一二〇-八-七六七六四三
ブックデザイン　鈴木成一デザイン室
印刷・製本所　株式会社　光邦

Printed in Japan　ISBN978-4-344-98250-5 C0295
し-5-5
幻冬舎ホームページアドレス http://www.gentosha.co.jp/
*この本に関するご意見・ご感想をメールでお寄せいただく場合は、comment@gentosha.co.jp まで。

木谷恭介
死にたい老人
老いて欲望が失せ、生きる楽しみが消えたとき、断食して自死すると決意。だが、いざ始めると、食欲や胃痛に悩まされ、終いには死への恐怖が！　死に執着した83歳小説家の、52日間の断食記録。

森政弘
親子のための仏教入門
我慢が楽しくなる技術
子供に我慢させるのは何より難しい。大人でも難しい「我慢」だが、仏教が説く「無我」を知れば、生きる楽しさがわかる。ロボット工学者が、宗教家と違う視点で解説した本当に役立つ仏教入門。

丘山万里子
ブッダはなぜ女嫌いになったのか
ブッダの悟りは息子を「邪魔者」と名付け、妻子を捨て去ることから始まった。徹底した女性への警戒心、嫌悪感はどこからきたのか。実母、義母、妻との関わりから見えてくる、知られざる姿。

横山紘一
阿頼耶識《あらやしき》の発見
よくわかる唯識《ゆいしき》入門
唯識とは、『西遊記』で有名な玄奘三蔵が伝えた仏教思想の根本で、「人生のすべては、心の中の出来事にすぎない」と説く。心の最深部にあるのが〈阿頼耶識〉。それは「心とは何か」を解明する鍵だ。

幻冬舎新書

横山紘一
十牛図入門
「新しい自分」への道

牧人が牛を追う旅を、10枚の絵で描いた十牛図は、悟りを得るための禅の入門図として、古くから親しまれてきた。あなたの人生観が深まり、生きることがラクになる10枚の絵の解釈とは？

正木晃
密教的生活のすすめ

宗教学をわかりやすく解説することで知られる著者が、密教の修行法の中から一般人でも簡単に実践でき、確実に効果のあるものを選び、やさしく解説する。体と心が変わる密教的生活のすすめ!!

平野貞夫
坂本龍馬の10人の女と謎の信仰

落ちこぼれだった龍馬が32歳で海援隊を結成し幕末の風雲児へと変貌を遂げた裏には、彼が20代を通して心酔した謎の信仰と女の存在があった。大河ドラマ「龍馬伝」が描かない龍馬の秘部とは。

副島隆彦
なぜ女と経営者は占いが好きか

近年、金融・経済の近未来予測を当て「予言者宣言」をした著者が、占い・呪いに魅せられた。四柱推命、九星術を研究し、山伏修行を実体験。未来を見通す重要性を体当たりで説く革新的な書。